CH. WAGNER

L'AMI

DIALOGUES INTÉRIEURS

SEPTIÈME ÉDITION

PARIS
LIBRAIRIE FISCHBACHER
(SOCIÉTÉ ANONYME)
33, RUE DE SEINE, 33

OUVRAGES DE CHARLES WAGNER

Justice. — 9ᵉ édition. — In-12 . . . . 3 fr. 5o
Jeunesse. — 32ᵉ édition. — In-12 . . . . . . 3 fr. 5o
Vaillance. — 23ᵉ édition. — In-12 . . . . . . 3 fr. 5o
La Vie simple. — 12ᵉ édition. — In-12 . . . . 3 fr. 5o
Sois un homme! *Simples causeries sur la con-
  duite de la vie.* — 4ᵉ édition. In-12 . . . . . 1 fr. 25
Le Long du chemin. — 5ᵉ édition. In-12 . . . 3 fr. 5o
L'Ame des choses. — 4ᵉ édition. In-12 . . . . 3 fr. 5o
L'Évangile et la vie. — 6ᵉ édition. In-12 . . . 3 fr. 5o
Auprès du foyer. — 6ᵉ édition. In-12 . . . . . 3 fr. 5o
L'Ami. — 7ᵉ édition. In-12 . . . . 3 fr. 5o
Histoires et Farciboles. — In-8°, illustré par
  René Henriquez. 2ᵉ édition . . . . 2 fr. 5o
Manuel de bonne vie, d'après les œuvres de
  Charles Wagner, par Mᵐᵉ Brandon-Salvador,
  Revu et approuvé par l'auteur. In-12 . . . . 1 fr. 5o
Pour les petits et les grands. — *Causeries sur
  la vie et la façon de s'en servir.* In-12. . . . 3 fr. 5o
Par la loi vers la liberté. — *Six discours.*
  In-12. 3ᵉ édition. . . . . 2 fr. »
Vers le cœur de l'Amérique. — *Impressions
  d'un voyage aux Etats-Unis.* — 2ᵉ édition.
  In-12 . . . . 3 fr. 5o
Discours religieux. — Deux volumes in-12, car-
  tonnés . . . . Chacun 3 fr. »
A travers les choses et les hommes. — *Pour
  apprendre à vivre.* — In-12. . . . . 3 fr. 5o
En écoutant le Maître. — *Sermons et discours
  religieux.* — In-12 . . . . 1 fr. »
Par le sourire. — *Pour apprendre à vivre.*
  In-12 . . . . 3 fr. 5o
Ce qu'il faudra toujours. — In-12 . . . . . . 3 fr. 5o
A travers le Prisme du Temps. — Causeries sco-
  laires. — In-12. . . . . 3 fr. 5o
N'oublie pas! — *Discours religieux.* — In-16. . 1 fr. »
Le bon Samaritain. — *Cinq discours religieux.*
  In-8. . . . . 3 fr. »
Trois contes et deux histoires pour amuser les
  petits et faire penser les grands. — In-16. . o fr. 5o
Glaives à deux tranchants. — *Discours reli-
  gieux.* . . . . 3 fr. 5o

CH. WAGNER

L'AMI

DIALOGUES INTÉRIEURS

La Création est un livre ouvert
dont il faut épeler la langue.
Tout son est un verbe; toute
ligne une écriture, et le sens est
l'Esprit.

SEPTIÈME ÉDITION

PARIS
LIBRAIRIE FISCHBACHER
(SOCIÉTÉ ANONYME)
33, RUE DE SEINE, 33

PRÉFACE

DE LA 7ᵉ ÉDITION

Après avoir envisagé un moment le projet d'ajouter à l'Ami un chapitre sur les événements actuels, j'ai fini par y renoncer. Mieux vaudra, quelque jour, faire sur ce redoutable sujet un livre spécial.

Mais je ne peux pas laisser s'achever la réimpression et laisser partir le volume, sans quelques lignes d'accompagnement. Se taire serait une ingratitude envers Dieu, qui a donné à l'auteur la grâce d'écrire ces pages, et envers les hommes qui, en ayant éprouvé l'effet, ont trouvé juste de le déclarer.

L'Ami *est un livre de* douleur *et de* foi. *Il a été bon à d'innombrables âmes meurtries à qui le soulagement intérieur naît de la sainte communion des peines. Rompre le pain ensemble, dans la fraternité que crée la misère humaine, est le grand remède que Dieu a mis à la portée de ceux qui souffrent. Le Christ l'a élevé à la hauteur d'un sacrement éternel. De tout mon être, je magnifie Celui qui m'a permis d'expérimenter dans les jours mauvais, et de faire expérimenter à mes semblables la vérité du vieux symbole, à nous transmis par le Prophète Daniel : Où deux ou trois hommes souffrent ensemble, en frères, il apparaît, parmi eux, dans la fournaise, mystérieux et secourable,* « un quatrième dont la figure ressemble à celle d'un fils des dieux ».

On ne peut pas exiger de chacun qu'il avertisse l'auteur, lorsqu'un livre a produit sur lui un effet salutaire ; mais sachez, vous qui avez senti le désir de parler et n'avez pu vaincre votre hésitation, sachez qu'à celui qui travaille pour les autres, quelques signes de vie sont nécessaires.

Que de fois, en des jours où nous nous demandons si notre labeur est utile à quelqu'un, le courrier m'a-t-il apporté à cette question une réponse réconfortante! Venus de près ou de loin, de très loin quelquefois, j'ai toujours vu, dans ces messages de lecteurs, un appel direct, aussi bien humain que providentiel. Quelquefois l'appel prenait une forme singulièrement émotionnante.

En 1904, à Chicago, un inconnu vint me trouver: « Est-ce bien vous qui avez écrit l'Ami? — Oui! — Alors j'accomplis un devoir en témoignant que c'est par ce livre que Dieu m'a sauvé. Ayant perdu en un seul jour, dans l'affreux incendie de l'Iroquois-Théâtre, ma femme et mes enfants, j'étais fou de désespoir et prêt à me tuer. Quelqu'un me donna ce livre. Je le jetai machinalement parmi d'autres, et sans même le regarder. Un jour, je ne sais pourquoi, je le feuilletai, et je tombai sur une page qui m'en fit lire une autre. Je compris que mon amour pour mes chers envolés exigeait que je vive et fasse en leur souvenir tout le bien dont j'étais capable. Dieu m'avait arrêté, par votre main, au bord du gouffre, et montré le chemin où maintenant j'essaie de monter. »

N'aurait-on reçu qu'un seul signe de ce genre, c'est la preuve suffisante qu'on n'a ni souffert, ni travaillé en vain.

Amis, dont plusieurs, par discrétion, ont voulu rester anonymes, je saisis cette occasion pour vous dire à tous : merci !

Jeunes gens à la recherche du droit chemin et d'une conviction solide; pèlerins surmenés par les épreuves, isolés, malades, prisonniers, et vous, soldats de France, qui m'avez écrit de la ligne de feu, je pense à vous. Vous avez fait infiniment plus que vous ne supposez, en vous souvenant fraternellement de l'homme dont la pensée a pu s'associer à la vôtre. Ainsi vous rendiez grâces à Dieu, à travers l'instrument dont il s'est servi pour vous offrir les miettes de pain de vie.

Pieusement, je pense à vous aussi, amis envolés, qui désormais habitez au séjour de la Paix divine. Vos lettres d'autrefois me sont maintenant les messagers d'au delà de la tombe, et jettent un rayon sur nos sentiers crépusculaires. Plusieurs d'entre vous ont lu l'Ami, aux heures suprêmes de leur existence mortelle. Les pages marquées par leurs mains défaillantes sont devenues des reliques de famille.

Livre de douleur et de foi, l'Ami est, de plus, un livre de bonne foi. Sa sincérité va jusqu'à la hardiesse, mais il a trop le respect du sanctuaire intérieur, pour froisser une conscience. Par sa largeur d'esprit, il a trouvé accès dans les milieux les plus divers. Que de fois, par son moyen, des esprits éloignés les uns des autres se sont rapvrochés ! Le beau rêve qu'il porte *en lui, de* « la haute et lumineuse Église qui ne connaît pas d'anathème » *a été réalisé dans les cœurs de tant de lecteurs, qu'on peut bien dire qu'il a trouvé ici et là, en des occasions inoubliables, un accomplissement intérieur.*

En pleine et affligeante réalité, nous avons le droit de saluer, dans ces faits spirituels, les promesses d'un avenir plus beau.

Et maintenant, pars pour des destinées nouvelles, Ami des jours passés, avec qui, en ce présent formidable, il m'a été si doux de deviser encore ! Que Dieu bénisse ton entrée dans les demeures, et ton action dans les âmes, surtout dans celles, travaillées et chargées, qui ont besoin qu'on les aime, les comprenne, les fortifie.

CH. WAGNER.

Août 1917.

A

PIERRE WAGNER

PARIS, 24 FÉVRIER 1884

MONTANA-SUR-SIERRE, 20 AOÛT 1899

Mon enfant, j'ai commencé ce livre près de ton lit de souffrance et pendant mes promenades solitaires à l'altitude.

Maintes fois, en écrivant, je m'interrompais pour aller près de toi, te rendre un de ces mille services, douloureux à la fois et doux.

Et loin de toi, sur les sentiers alpestres, dans les hauts pâturages, autour des mayens solitaires, mon cœur blessé demeurait plein de ton image.

C'est donc à toi que je dédie ces pages.

Qu'elles te soient offertes, non comme des reliques funèbres de ce qui n'est plus, mais comme un gage éternel entre nos âmes inséparables, et un hommage, que je voudrais plus pur et plus consolant, rendu à ce qui ne meurt jamais.

PRÉFACE

DES SIX PREMIÈRES ÉDITIONS

J'ai connu la solitude, jamais l'abandon.

Toujours est venu, sur les routes les plus écartées, cheminer auprès de moi, un inconnu d'une bonté sans bornes. Il était fort dans la tempête, tendre dans la peine, paternellement sévère aux heures de laisser-aller.

Je n'ai livré aucune bataille sans qu'il se tînt à mes côtés. Nous sommes allés ensemble partout à travers la vie. A deux, nous parlions en public; à deux, nous devisions sous le manteau de la cheminée. Il se révélait comme un autre moi-même, un bon génie familier et supérieur dégageant des complications de l'existence la ligne essentielle et sûre.

Dans les jours lumineux, il partageait ma joie; dans les jours tristes, il me réconfortait. Égaré dans les broussailles d'idées ou de passions, je le voyais soudain paraître en plein dédale, et son regard me montrait le chemin.

Aux heures de jeunesse et d'expansion, alors que l'on chante et vibre comme une harpe, il chantait le plus fort. Quand vinrent les heures où la parole elle-même se tait devant la profondeur du chagrin, il se contentait de pleurer avec moi.

Quel est ce mystérieux Ami? Je ne sais. Ne réclamant pour lui ni prestige divin, ni aucun privilège d'infaillibilité, je désire seulement faire profiter mes semblables de ce qu'il m'a souvent apporté. On s'apercevra sans peine qu'il emprunte un peu partout la clarté qu'il veut répandre sur nos pas. Sa figure est éclairée d'humanité universelle.

Pour moi, je le vénère comme un chevalier de Dieu. *Il est certainement très ancien, quoique imprégné de cette sève vigoureuse qui circule sous l'écorce des vieux chênes. Il a chevauché dans tous les bons combats; de tous les soufflets à la vérité et à la justice, son cœur porte la trace. Il a passé au Sinaï, entendu les Prophètes, prié au Calvaire; mais il admire le bon Homère, Platon, tout ce qui est largement humain. Il prend un goût extraordinaire aux recherches scientifiques, aux questions sociales, se passionne pour tous ceux qui suivent des pistes inexplorées aux vastes champs de l'inconnu. Seulement, lorsqu'ils lui disent que l'Esprit n'est point, il sourit dans sa vieille barbe.*

Recherchant l'équilibre et les grands horizons, il étouffe dans l'air confiné, abhorre l'esprit sectaire et déclare volontiers que si les chefs revenaient, par qui l'on jure et s'anathématise, aucun ne serait de sa propre secte.

Ce qui le caractérise surtout, c'est la Foi.

Il croit à la fuite utile des jours, au but su-blime que, sans pouvoir ni le définir ni l'em-brasser, l'humanité souffrante et militante pour-suit à travers sa laborieuse carrière. Il croit au mystère qui éclôt dans les fleurs, rayonne des étoiles, perce dans la conscience, sanglote dans nos larmes, vibre dans nos chants, som-meille dans les berceaux et se cache dans les tombes. Il croit à l'Esprit que nul ne mesure, à la chute lointaine du mal, au triomphe de l'amour, à la réparation des iniquités ; il croit au ciel, mais il croit à la terre ; il croit à l'homme, parce qu'il croit à Dieu, éperdûment, non seulement au Dieu des majestueuses créa-tions, des forces transcendantes, de l'inacces-sible lumière, mais au Dieu qui besogne sous la bure humaine, tressaille de notre espérance, souffre de nos douleurs ; au Dieu qui a choisi comme devise ce cri magnifique de Térence : « Je suis homme, et rien d'humain ne m'est étranger. »

Et certes, ce que l'Ami possède de meilleur lui vient du Fils de l'homme.

Hélas ! je désespère de jamais exprimer l'esprit qui l'anime. Mais j'ai dû, sous peine de félonie, m'efforcer de bégayer après lui quelques-unes des choses qu'il m'a dites. Fragmentaires, remplies de lacunes, si ces pages pouvaient, par endroits, renfermer des parcelles de vraie vie, des miettes du pain fortifiant dont l'âme se nourrit ! Si quelques-uns me devaient d'être moins grands pour les petits, moins captifs dans leurs affirmations étroites ou leurs négations bornées, moins suffisants et moins pusillanimes, moins tristes dans leurs deuils, plus heureux dans leur travail d'avenir, plus confiants dans nos semailles obscures et douloureuses, quel fruit précieux d'un labeur qui déjà porte tant de douceur en lui-même !

La Commanderie, ce 25 juillet 1902,

jour de Saint-Christophore.

SOUVENIR

JE PENSE A TOI

Cher enfant, je te parle du sein d'un monde périssable; tu m'écoutes du monde où la mort n'est plus. En Dieu, nous sommes près l'un de l'autre. — Voici trois ans que nous vivions seuls à l'altitude et qu'après cinq mois de souffrance tu t'es un soir endormi dans nos bras. Dieu seul sait ce que, depuis lors, ta pauvre mère a souffert ! De moi, je ne dis rien.

Je veux que ton souvenir·demeure attaché à ce livre, commencé pendant ta maladie, et qui t'est dédié. Peut-être ces pages apporterontelles un peu de sympathie fraternelle et d'appui moral à d'autres que le deuil éprouve.

O mon fils, les années s'écoulent, et chacune te rend plus réellement sensible à nos cœurs. Ton nom est toujours sur nos lèvres, ta chère image mêlée à notre vie. Ton petit frère et tes sœurs s'endorment, le soir, en te nommant dans leur prière. Ta chambrette, pleine de ce qui t'appartenait, est sans cesse garnie de fleurs. Les premières violettes du jardin et les derniers chrysanthèmes te sont offerts, avec une affection aussi simple, aussi croyante que si tu étais visible à nos yeux.

L'amour est plus fort que la mort.

Puissent nos âmes rester fidèles et confiantes, afin que le courage ne les abandonne jamais !

Te pleurer avec espérance, que Dieu nous accorde cette grâce !

MON FILS !

1884

Lorsque, les premières émotions de la naissance apaisées, le fait nouveau d'avoir un fils eut pris lentement place dans mon esprit, il se mit peu à peu à envahir la totalité de ma vie intérieure, à se mêler à tous les événements classés dans ma mémoire.

C'était donc bien arrivé. Jusqu'aux derniers recoins de l'être, semblables à ces mystérieux intérieurs de forêt où jamais ne s'égare un passant, une lumière inconnue répandue sur les choses indiquait : la nouvelle a passé par là.

Nous le possédions donc, ce cher attendu. Les longs mois de patiente réclusion de sa mère, le sacrifice du mouvement et de la liberté, doutes, tristesses, solitude, anxiété des derniers jours, tout était oublié. Au premier plan de la pensée, en pleine clarté heureuse, l'événement rayonnait avec une intensité victorieuse.

J'attribuais le mérite de notre bonheur à l'univers entier, faisant monter vers Dieu une gratitude infinie, sachant gré aux passants d'avoir un fils. Et du coup, je les aimais tous mieux qu'avant, jeunes et vieux, heureux et malheureux, que nos chemins côtoient dans la rue. Pourquoi n'avaient-ils pas l'air de remarquer ce que je portais d'extraordinaire dans mon cœur et sur ma figure?... Réserve sans doute et amicale discrétion.

Et j'arpentais ce grand Paris dans tous les sens, montant de préférence aux étages supérieurs, trouvant à tous les hommes une mine de braves gens.

De temps à autre, hissé sur quelque impériale d'omnibus, je me sentais emporté, au trot puissant des chevaux, comme à travers un rêve.

Ceux qui n'ont pas passé par là n'y comprendront jamais rien. Les paroles peuvent nous faire comprendre par ceux qui ont éprouvé ce que nous éprouvons. Mais elles ne peuvent créer ce qui n'existe pas.

Regretterai-je cette ivresse d'alors, maintenant que joie, espérance, douce émotion du cœur. ont été suivies par tant de tristesses ? Non, je ne regrette rien. A aucun prix je ne voudrais souhaiter que ce passé n'eût pas existé.

Quelle trouée nouvelle sur le monde ouvre ce titre de père ! On se rapproche de ses ascendants, lorsqu'il nous vient un descendant. Et l'on prend racine dans l'humanité par mille radicelles nouvelles très sensibles, capables de nous révéler le secret de joies et de douleurs, dont on ne s'était pas douté. jusque-là.

Bénies soient les heures de tendresse que je t'ai consacrées ! Si j'avais chargé autrui de t'aimer à ma place, un pur trésor maintenant manquerait à ma mémoire. Porter soi-même ses enfants, même dans la rue, jouer avec eux, leur conter des histoires, leur donner des soins, remarquer leur développement : à tous les points de vue, c'est un bien. La famille comme la patrie dépendent de ceci : que les pères soient vraiment pères !

Mais si l'on vient à les perdre, ces chers aimés, c'est un réconfort d'en avoir bien joui. Aimons bien, tant que nous pouvons, profitons des heures de grâce où nos chéris sont près de nous ! Le temps viendra peut-être où ils seront loin. Alors de ces souvenirs, le cœur altéré se nourrit comme la fleur, d'une goutte de rosée.

PAR-DESSUS LA MURAILLE

Nous étions en Suisse, débarqués du matin. J'avais la garde de Pierre, récemment entré dans sa troisième année. Il trottait autour de moi, regardant, touchant, questionnant. Subitement, sans que je sache comment, l'enfant disparut.

Tout près de là se trouvaient des rochers, des précipices, des dangers nombreux. Je cours, je cherche, j'interroge. Personne n'a rien vu. Une terreur folle s'empare de moi.

Alors, longeant une muraille de jardin assez élevée, je perçois de l'autre côté une voix d'enfant en conversation avec une grosse voix d'homme.

C'était Pierre. On lui offrait des fraises; on

lui demandait où étaient ses parents. Lui, in-
souciant, mangeait des fruits et, encouragé par
le bon accueil, babillait comme chez soi.

. . . .

Maintenant la muraille entre lui et nous est
d'une autre hauteur. Mais la scène d'enfance me
revient, où je le croyais perdu, tombé dans
quelque gouffre, alors qu'il était heureux, bien
accueilli et gardé.

Et j'y découvre un symbole de ce qui se passe
de l'autre côté de la muraille.

MON FILS

1899

L'Ami. — Regarde ce coin de montagne ignoré! La neige s'est fondue, il y a peu de semaines. Maintenant toute la flore du printemps jaillit de ses bourgeons. Gentianes bleues, primevères jaunes, auricules roses, par coulées, par tapis; anémones éclatantes, lis nains, d'une grâce d'enfant. Comme fond au tableau, la prairie verte où l'herbe se fait petite pour laisser la gloire aux fleurs. Tout autour, des rochers gris couverts de vieux sapins barbus, et le ciel au-dessus, taillé dans un seul saphir....

Mais quoi, tu pleures....

— Mon fils !...

L'Ami. — Pauvre père !

— La nature s'éveille et renaît, sa jeunesse à lui se flétrit. N'a-t-il pas le front pur et l'âme d'une blancheur de lis ? Dans ses beaux yeux de pervenche, sourit la candeur. Il est bon, il n'a point connu le mal, et l'ennemi secret le ronge. Oh ! cette pâleur tantôt, et puis cette rougeur de fièvre, cette jeune vie se fanant sous une haleine de feu, cette toux qui déchire la poitrine !

Je ne puis plus penser qu'à cela. Le chant de l'oiseau, le sourire du soleil, le regard des fleurs me fendent l'âme. Une invisible main me tient le cœur serré. J'erre par la montagne comme un somnambule, je regarde la forêt et ne la vois pas, j'écoute le torrent et ne l'entends pas.

Je ne suis pas ici, mais là-bas, près de son lit de douleurs. O mon enfant ! mon pauvre enfant !

L'Ami. — Je pleure de tes larmes. Il mérite d'être aimé et plaint et regretté, le cher enfant.

Quinze ans et demi ! Un compagnon déjà, un ami pour sa mère, une douce espérance d'avenir. Le voir touché à la racine, quelle torture pour vous !

Pourtant, si tu l'aimes bien, ne faut-il pas te maîtriser ? Ne dois-tu pas être deux fois un homme ? As-tu pensé à ce choix qui t'est présenté dans les graves circonstances où nous vivons ? Ou bien te laisser entamer et vaincre par ta douleur et devenir ainsi pour les tiens, pour ton fils lui-même, une source de peines, un fardeau de plus ; ou bien être brave, viril, te tenir ferme, et devenir, pour eux tous, et ce cher petit qui souffre, un abri sûr, un bon et calme refuge toujours ouvert.

Tu n'as pas le droit de laisser cet empire au chagrin, ni de lui permettre de marquer ton front à son signe. Que dit ta figure à ton fils ? Y lira-t-il une histoire de désespoir ? Tu lui dois mieux. Ne t'ajoute pas à son mal, mais défends-le contre ce mal ! Ne le regarde pas avec ces yeux qui disent qu'il est perdu ! Personne n'est jamais perdu. Nous sommes à Dieu ; à cela aucun changement ne peut être apporté. Il faut ravitailler l'âme de ton fils, en fortifiant la tienne. Qu'il se sente protégé, soutenu, gardé, en sécurité parfaite !

Considère cette maladie, malgré son évidente gravité, comme un accessoire et non comme le principal ! Traitons l'enfant comme un enfant ordinaire qui s'intéresse à ceci, à cela, et qui a part, comme nous, à la vie ! Ne ramenons pas sans cesse son attention sur ce qui cloche ! On ne fait pas de ce qui chancelle le centre de tout le reste, mais on s'efforce de rattacher toutes les formes heureuses ou douloureuses de l'existence, à ce qui seul demeure ferme. Agir autrement, c'est être les ennemis et les oppresseurs de ceux qu'on aime le mieux. C'est se rendre incapable, même de les soigner physiquement...

Ton fils aime les fleurs. S'il pouvait de son lit regarder cette splendeur où nous sommes, un sourire éclairerait sa figure. Il aurait un moment de plaisir, d'oubli de sa misère. L'esprit qui nous soutient et nous sauve de nos détresses, lui parlerait dans le souffle paisible qui passe sur ces hauteurs.

Puisqu'il ne peut venir ici, que ces fleurs aillent vers lui ! Cueillons-en des gerbes et, s'il se peut, offrons-les-lui avec un sourire ! A ceux que nous aimons, ne donnons pas d'ombre, mais de la lumière ! Pour leur apporter dans la maladie et dans la faiblesse un réconfort véritable et un soulagement, aimons-les avec foi, avec confiance ! Aimons-les avec la volonté ferme de les tirer de là, malgré tout !

PORTRAIT

Tes grands yeux bleus d'une infinie douceur
semblaient regarder l'au-delà plus souvent que
le présent et, même petit enfant, tes questions
et tes propos témoignaient d'une singulière ou-
verture sur le monde spirituel.

Pourquoi n'as-tu jamais été bien réconcilié
avec ta qualité de garçon ? Ta grâce toute fémi-
nine s'accommodait mal des jeux turbulents.
A l'écart, tu recherchais de plus paisibles plaisirs. Et peut-être avais-tu le pressentiment in-
conscient de ta mort prématurée, te sentant
mis à part pour d'autres destinées.

Tu n'as pas noué ton pacte avec la terre,
comme si tu avais su qu'elle n'était qu'une
hôtellerie de passage, non le domicile.

Sa poussière et ses souillures te sont demeurées inconnues. A l'âge où d'autres perdent le duvet de leur naïveté et se plaisent aux actes grossiers, aux paroles crues, tu es devenu plus naïf, avec plus de conscience.

Les mots qui sonnent mal glissaient sur ta mémoire. Rien d'impur ne s'y fixait. Ta candeur grandissait avec l'âge, et tu atteignais presque la taille d'homme, ayant conservé, sans nulle contrainte ni peine, la blancheur d'innocence de l'enfant. « Heureux ceux qui ont le cœur pur; ils verront Dieu ! » Ta jeunesse liliale ressemblait au parfum de ces paroles.

S'irriter, s'emporter, imposer son vouloir, tout cela t'était inconnu. Simplement tu allais à ce qui est bon. Tout jugement dur sur autrui, tout échange de propos agressifs t'était odieux. Tu avais l'équité naturelle et l'indulgence innée. Qu'il soit pris, par chacun, des égards pour les autres, et que rien d'injuste ne soit commis ni souffert, c'était ton désir cordial !

Et ce tact sûr, ce goût délicat te faisaient un
compagnon plein de charme et de bon conseil,
respirant la paix et la communiquant. Auprès
des petites sœurs et du frère, tu jouissais d'un
droit d'aînesse indiscuté, établi sur le seul prestige de la parfaite bonté.

Pour ta mère déjà tu devenais une compagnie, une ressource, un confident.

Discret et docile comme un fils respectueux,
ton avis était consulté comme celui d'un grand
frère.

Et moi, chargé du fardeau d'un redoutable
ministère, je te voyais grandir, clairvoyant et
pacifique, débonnaire et pieux, un futur compagnon d'armes, un disciple rêvé.

A travers cette âme d'élite, ouverte à la
beauté, sensible à la grâce, vibrante devant tout
ce qui est noble et pur, je voyais l'Évangile
éternel reflété en clartés nouvelles et déjà, pré-
cédant le temps par l'espérance heureuse, le
père entendait le fils proclamer le message

d'amour et répandre la bonne nouvelle, attendue des cœurs meurtris.

O, comme nous t'aimions !

. . . .

Inattendu, comme tombe du ciel bleu un coup de foudre, le mal te saisit. En quelques jours il fallut rompre le cercle de famille et partir, chercher à l'altitude un auxiliaire contre l'ennemi.

Nous fûmes vaincus. Mais tu n'as jamais murmuré, ni formulé une plainte. Où donc avais-tu appris la patience, l'art difficile de souffrir, le calme dans la misère et la simplicité devant la mort ? Dieu seul le sait.

*

Te savoir en sa main, dans cette main où sont aussi les vivants, voilà notre suprême refuge dans la peine. Que Dieu nous le garde, nous augmente la confiance pour les jours à venir et nous la maintienne, à l'heure dernière.

Cher ami, prématurément parti d'entre nos bras où tu étais et restes tant aimé, ta place vide sera pour nous une cause de deuil et de regrets.

Mais comme ta figure était douce à la mort, comme tu as souffert avec patience, comme ton bon sourire et tes caresses mettent de la lumière sur ces heures sombres ! Tu nous as semé de rayons tout blancs la route de la mort et mis aux portes du tombeau comme une lueur d'aube. Que Dieu nous donne de nous souvenir de toi, quand nous aurons à souffrir et à partir !

Je ne demande qu'à être comme toi, aussi simplement résigné, aussi confiant, aussi naturel. Tu n'auras pas vécu pour rien, mon cher petit Pierre. Tu resteras vivant et agissant parmi nous, jusqu'au jour où nous nous retrouverons dans le monde invisible, dont toute forme visible n'est que le lointain symbole.

II

HALTES ET SOLITUDES

O Tag, wenn deine Farben blassen
Und wenn erlosch dein bunter Schein,
Dann kann sich erst die Seele fassen,
Der Geist kehrt in sich selber ein !
Wenn Stille sinkt auf Wald und Triften,
Und Schatten ruht auf Stadt und Feld,
Dann hört der Mensch aus dunklen Lüften
Die Stimmen einer andren Welt.

GEROK (*Palmblätter*).

O Jour, lorsque tes couleurs pâlissent
Et que s'évanouit ta clarté luxuriante,
L'âme enfin peut se ressaisir,
L'esprit rentre en lui-même.
Quand le silence descend sur la forêt et la prairie,
Et que l'ombre s'étend aux villes, aux champs,
Alors dans les airs voilés d'obscurité,
L'homme perçoit les voix d'un autre monde.

ASSIEDS-TOI DANS LE SILENCE

— L'avenir est loin ; la marche en avant, pénible, la tâche, immense, et nos moyens, misérables. Il y a des heures où la lassitude nous gagne.

L'Ami. — En ces heures, arrête-toi pour reprendre des forces ! Ne t'obstine pas, même au labeur sacré ! Tu fournirais un travail médiocre dont la fragilité nuirait à la cause et à ton courage. Pense au réconfort ! Fais une halte !

Constituons un solitude aimée où notre idéal soit compris, afin de nous y consoler des rudes contacts, des mépris et des anathèmes! Reprenons barre au foyer qui réchauffe notre âme! Exposons-la au rayon bienfaisant, à la rosée rafraîchissante! Quittons la foule dévorante, afin de refaire des provisions; laissons là les contradicteurs, pour la retraite accueillante et l'accord!

O Béthanie! O Thabor! o nuits sur la montagne! ô douces intimités! agapes où tous sont un même cœur! Nous avons besoin de vous comme l'enfant, du sein maternel; le pèlerin, de l'auberge; l'exilé, de la patrie!

O selige Oed' auf sonniger Höh! [1]

[1] O bienheureux désert, sur la hauteur ensoleillée!

AU DÉSERT

L'Ami. — N'aspire pas à fuir le monde ! le salut n'est pas dans la fuite. Il est dans la lutte, ardente et magnanime, dans le don de soi ; la diffusion du levain à travers la pâte. Mais que peut l'arc affaibli par une tension trop longue ? Que devient le levain, si sa puissance de fermentation est perdue, faute de soin ?

Les trois quarts du travail sont du travail intérieur. S'affermir soi-même dans son idéal, augmenter sa foi, voilà l'essentiel, la première condition de toute action vraie. Tout pionnier doit connaître le désert. Il est bon qu'il en sorte ; mais qu'il y retourne souvent, pour s'inspirer, réparer ses armes, écouter la voix du silence, et laisser les flots, soulevés et troublés par la lutte, se filtrer à travers les gisements profonds du monde intérieur.

HORIZONS FERMÉS

— Il y a des jours où l'esprit semble moins apte à embrasser les grandes vues d'ensemble. Les infinis et les immensités nous échappent. Tout cela est loin, enseveli dans quelque brume impénétrable.

L'Ami. — En ces jours, pour sentir le contact des réalités permanentes, assieds-toi sur la mousse des sentiers, sur la racine des arbres, et regarde près de toi la fourmi courir parmi les minuscules graminées. La goutte qui tremble aux feuilles dentelées du fraisier, est parente de Sirius, scintillant à la frange du ciel. Dieu est si grand qu'il est à toutes les hauteurs : c'est de la poussière que souvent monte sa voix.

Si l'on ne peut correspondre par voie aérienne, on a recours au fil souterrain. Si les deux nous manquent, il reste la télégraphie sans fil. Et la rupture même du câble n'est plus un malheur sans remède.

DISETTE

— Mon âme est comme la steppe aride. J'ai ce sentiment que rien ne vibre, ni ne vit plus. On dirait un hiver morne et glacé, où tout se fige et s'engourdit.

L'Ami — Comme la terre, l'esprit a ses saisons. Il ne faut pas s'en étonner, mais prendre des mesures en conséquence. Employons les beaux jours à faire des provisions! Il y a un temps pour semer, un temps pour moissonner, un autre pour hiverner et vivre du produit des jours féconds. Lorsque chaque buisson est couvert d'églantines, on ne se doute pas quel plaisir peut vous donner un seul bouton de rose, au cœur des saisons rigoureuses.

Lions des gerbes; cueillons des souvenirs, le long des routes; mettons à profit le temps de grâce où l'esprit donne du fruit, la vie des résultats encourageants, où des portes semblent ouvertes sur les mystères surhumains ! L'heure arrive de la disette, de la sécheresse. Rien alors ne prospère ni ne marche plus. Si tu attends à cette heure pour t'approvisionner, tu es pareil à l'insensé qui, s'étant laissé manquer de pain, mettrait la charrue à la plaine, quand le sol est gelé.

Lorsque le contact est établi entre la source de vie et nous-mêmes, toute heure est une heure de grâce. Puisons à l'instant propice, afin de ne pas manquer du nécessaire au moment où la source est verrouillée !

Telle expérience faite en des jours d'épreuve peut empêcher un homme de s'affadir dans le succès. Et tel bon moment de repos, d'expansion, de joie libre et sereine, a le don de nous réchauffer encore intérieurement, après que trois

pieds de neige sont tombés sur notre bonheur.—
Aimons nos amis quand ils sont là, aimons-les
avec usure, afin que le souvenir demeure riche,
inépuisable, une fois les séparations venues !

Fortifions-nous dans l'espérance, dans la confiance en Dieu, tant que les occasions existent !
Ne laissons pas venir la misère, les détresses
morales, pour frapper à la porte de la maison
paternelle ! Qui sait si nous garderons alors assez de clairvoyance pour en prendre le chemin ?
Il est si triste de manquer du nécessaire, de se
trouver en face du vide intérieur, incapable d'y
remédier, et avec cette constatation terrible :
trop tard !

SE CONTENTER

Au surplus, il faut apprendre à être pauvre et à vivre de peu. Aurions-nous la mentalité des enfants gâtés qui ne savent se priver de rien ? On doit se faire à tout. Croire au Dieu des jours mauvais, c'est plus nécessaire que de croire au Dieu des beaux jours. Une merveilleuse puissance d'adaptation agit dans les hommes de bonne volonté. Ils savent s'organiser selon ce que l'heure demande. L'esprit les met à la hauteur des événements. Les autres attendent que des vents favorables enflent leurs voiles. Le vent tourne, ils sont désorientés ; il tombe, les voilà en panne ! Roseaux que chaque souffle incline selon sa fantaisie, ils ne connaissent pas le secret de la force intérieure. Ils ne vivent pas, ils se laissent vivre.

Faisons effort! Gagnons la terre solide, la terre de la Foi!

Dieu nous aime; peu importe ce que les jours amènent! Même les choses mauvaises sont obligées de se plier à sa volonté et de nous servir. Tout concourt au bien de ceux qui aiment Dieu. Remarque ce beau détail de la traduction de Luther :*Denen die Gott lieben, müssen alle Dinge zum Besten dienen* [1].

Les mains qui nous frappent, les chiens qui nous mordent, les maladies qui nous rongent, les fardeaux qui nous accablent, sont obligés de se transformer en auxiliaires. Le choc reçu devient un coup de main donné; le piège dressé dans l'intention de nous perdre, un moyen de préservation et de salut. Et les pierres mêmes, lancées pour nous écraser, s'amoncellent en rempart pour nous défendre.

[1] *Il faut* que toutes choses concourent au bien de ceux qui aiment Dieu.

« STA VIATOR ! »

L'Ami. — *Sta Viator* ! Passant, courbé sous ton fardeau, arrête-toi ; arrête-toi, près de ce torrent qui descend au vallon ! Assieds-toi sur ce vieux tronc ! Ton âme est harassée. Pourquoi attendrais-tu, pour te reposer en Dieu, que telles choses soient accomplies que tu espères, ou d'autres écartées, que tu crains ? Ne sais-tu pas de quelle inquiétude tu te rends esclave ? Et rien jamais ne te délivrera. Ton espoir s'accomplit, le malheur suspendu sur ta tête est éloigné : combien de temps le ciel restera-t-il pur ? Plus il sera bleu, plus tu trembleras de le voir se ternir.

Ce n'est pas un pacte conditionnel qu'il faut

conclure, mais un pacte au-dessus de toutes
les conditions. Assure-toi en Dieu, non parce
que la route est sûre et l'horizon serein ; mais
que la route soit sûre ou non, le ciel chargé
ou limpide ; ne fais pas dépendre ta paix d'un
rayon de soleil ! Que l'essentiel te devienne
plus ferme, et les choses qui viennent et vont
t'agiteront moins !

L'ESSENTIEL

L'essentiel est d'être affermi en Dieu. Le reste suit.

N'attends pas qu'un regard de soleil t'apporte le droit d'être en sécurité; qu'une haute volonté humaine se décide en ta faveur; que le facteur, un jour, te remette le bonheur dans une lettre! Ne crains pas non plus que le malheur descende sur toi de quelque nuage, te saisisse, par la main d'un ennemi, ou fasse, inattendu, irruption dans ta demeure! Heur ou malheur, tout ce qui t'attend au détour du chemin, derrière les portes fermées, dans les replis cachés de la pensée humaine, ou sous le voile de l'avenir, dépend de ce que tu as dans le cœur. Sache-le, une paix existe que le monde ne donne pas et qu'il ne saurait ravir !

« MEMENTO ! »

L'Ami. — Une fois pour toutes, retiens cela :
Il n'y aura jamais de paix parfaite amenée
par les événements. Les causes d'angoisse
et de souci changent avec les jours. Et le bonheur te fera peur, si le malheur t'a lâché. Que
tes enfants soient petits ou grands, dans ta
maison ou établis ailleurs, malades ou bien
portants, ils te seront une cause de préoc-
cupations. Et il en est de même de tout ce que
l'homme peut posséder ou perdre, prendre ou
désirer. Si tu attends, pour être au calme,
que l'occasion le permette, tu n'y seras
jamais. Sois un homme et aspire à la paix
supérieure ! Tu marcheras d'un pas plus

ferme sur les sentiers changeants. Car tu auras un abri intérieur, un point à jamais stable. Aucun événement isolé, aucun concours de circonstances même graves, ne remettra tout en question. Enracine-toi dans la seule chose nécessaire: l'amour infini du Père! Le bien qui en résultera pour toi sera grand. Et tu deviendras un refuge aux autres, à ceux que tu aimes, à l'étranger même dont la route par hasard croisera la tienne.

LE TROUBLE EST EN NOUS

L'Ami. — Comment ne pas se rendre à l'évidence ? La paix de l'homme est-elle dans les circonstances ? Les événements peuvent-ils l'apporter et l'emporter ? Voilà bien la vieille et funeste illusion !

Lorsqu'un sujet de trouble disparaît, il est aussitôt remplacé par un autre, inaperçu avant. *Le trouble est en nous.* Ce ne sont pas les objets dont, par occasion, il s'entretient, qui le feront disparaître en s'éloignant. Il trouvera toujours des objets, futiles ou sérieux. Que notre pauvre cœur tremblant soit rassuré et guéri, et nous aurons la paix que plus rien n'enlève ! Elle est en Dieu seul.

— Je le sens bien, la paix existe ; la vraie vie n'est pas si loin de nous. Sans cesse elle côtoie cette pauvre et fragmentaire existence où nous nous égarons. Lorsque pour un seul instant elle apparaît, elle éclaire tout ce qui l'entoure. Si nous pouvions la saisir, la réaliser, il n'est pas une situation, triste, compliquée, perdue, dont elle ne ferait jaillir de la lumière.

* *

Je t'aime, ô Fils de l'homme, pour ta force et ta douceur, ta simplicité, ta vaillance, ton infinie tendresse, pour ton regard qui rassure et pardonne, enflamme et soulève, pour tout ce que tu nous as apporté de consolant, de chaud, de réconfortant. Reste avec nous ! Enseigne-nous à voir dans chaque pierre de la route l'étincelle divine qui s'y trouve enfouie !

A L'ALTITUDE

— Après l'ascension, lente et la montée pénible, le repos, ici, est plein de charmes. Un horizon immense dédommage des fatigues. L'air pur et vif vous régénère.

Tout autour de nous à perte de vue, les pâturages s'étendent ondulés, couverts d'herbe drue et de petites fleurs aux couleurs intenses. Des papillons variés, d'innombrables coléoptères, des oiseaux que la plaine ne connaît pas, frappent la vue. Plus bas s'étendent les belles forêts qui tout à l'heure nous abritaient. Au-dessous d'elles, les vignes, les champs dorés et le fleuve fuyant au loin.

Mais toujours le regard se reporte sur ce cercle de glaciers bordant l'horizon.

En face, voici, autour de l'échancrure sinueuse appelée Val d'Anniviers, le glacier du Rothhorn. Il a la forme d'une large coulée de lave figée, s'épandant vers la vallée. D'énormes murailles l'encadrent, blanches, dentelées. Des arêtes immaculées courent sur des amas de neige. L'œil, en les suivant, parcourt des champs éblouissants, monte sur des sommets, descend en de profondes vallées. C'est le désert silencieux couvert d'un linceul éternellement vierge.

A l'extrême droite, là-bas, plus loin que le mont Pleureur et l'Aiguille rouge d'Arolla, une féerie grandiose éclate sous le soleil. Autour de parterres cotonneux se dressent des crêtes, surgissent des tours, des dents, se voûtent des dômes, toute une assemblée de rocs hauts et sombres, étincelants sous une armure de glace. C'est le mont Blanc hérissé de pics, coupé de précipices et de crevasses béantes confinant aux vastes plaines neigeuses du glacier du Trient.

Tout cela donne une impression de durée,
de solidité, de grandeur calme. De ces hauteurs,
que le monde paraît grand et l'homme petit !

L'Ami. — Remplis-toi l'âme de ce spectacle !
Emporte-le dans ton souvenir ! Quand tu
respireras l'air enfumé des villes, des salles de
spectacle où s'entassent les foules, des cham-
bres où gémissent les malades ; quand tu te
sentiras empoisonné par les miasmes au sein
desquels siègent les diplomates, complotent les
hommes d'église, calculent les financiers, ponti-
fient les pédants, se pavanent les sots : ferme
les yeux et reporte-toi ici ! Cela te réconfortera.

Et si d'aventure l'orgueil te prend, compare
ta taille à ce que tu vois ici. Tu pourras en tirer
des leçons salutaires qui te remettront à ta
place. Et tu ne risqueras pas de devenir semblable, en ta vanité de chair, au moucheron à la
fois impudent et fragile, qui s'enivre d'un rayon
de soleil.

Mais ne va pas plus loin. N'abaisse pas l'esprit devant le colosse matériel. Ne te laisse pas aller à mesurer l'humanité à l'aune, ni la valeur de ta vie à sa longueur ! Mesure-t-on la toile du peintre à la toise ? ou l'œuvre du poète à la balance et au boisseau ?

Ta taille est de peu de coudées, ta durée de quelques couples d'années. Mais tu n'as pas le droit, devant les monts, géants de l'espace et de la durée, de te déclarer petit. En toi vit une grandeur par eux ignorée. Quelle que soit la majesté de ces lignes, la beauté de ces paysages, ce sont seulement des signes destinés à te révéler à toi-même, à te figurer l'esprit dont tu portes en toi la marque. Tel que tu es, petit, fragile, éphémère, tu n'en peux pas moins, en un instant rapide de ta vie, concevoir des pensées, éprouver des réalités, qui furent avant que les montagnes fussent nées, et demeureront quand elles seront réduites en poussière. Tu peux, dans la souffrance ou dans l'action, atteindre des profondeurs et des hauteurs pour lesquelles

il n'y a pas de mesure dans le monde
visible.

La pauvre femme accablée de soucis, mais
qui espère, aime et travaille; le penseur et le
croyant qui marchent dans la nuit, gardant leur
confiance à la lumière; le pauvre soulageant le
pauvre; l'affligé consolant l'affligé; l'offensé qui
pardonne; les martyrs mourant pour la science,
la foi, la justice, la patrie, sont plus grands que
ces sommets. En eux habite une beauté plus
pure que le bleu du ciel et la blancheur des
névés. L'homme demeurant ferme en son
âme, en face des obstacles ou des entreprises
du mal, inaccessible aux menaces comme à la
corruption, ne craignant pas d'être seul en face
des foules contraires, cet homme-là est un rempart plus solide, et plus digne d'être salué que
le mur abrupt de l'abîme, quand il se dresse et
dit : Tu ne passeras point !

AIME TES AMIS

L'Ami. — Aime tes amis, et ne t'en prive pas !
Dis-le-leur, et répète-le souvent ! Prouve-le-leur,
et réitère la preuve ! Mets ton cœur au large en
les aimant royalement ! Fais-leur fête, rend-les
heureux, mets du soleil sur leur chemin ; que ta
maison leur sourie ! Toute heure passée près
d'eux est une heure de grâce. Les occasions
qu'on regrette le plus sont celles d'aimer et
qu'on a perdues.

AUX OISEAUX

C'est donc bien sérieux, ce que tu dis, petite fauvette: ce que tu chantes en montant toujours, alouette légère. Puisque vous le répétez si souvent, craignez-vous qu'on ne l'ait point compris ? Comme on sent, à vous entendre, que c'est *arrivé!* Si vous pouviez en persuader l'homme qui n'y croit plus !

EN FORET

— Parmi les plus doux moments de la vie, je compte ceux passés à manger des cerises à l'arbre ou des fraises en forêt. Cela me rappelle d'abord le jeune temps, ce temps au doux visage où l'on vit dans l'accord universel, compris des arbres, des insectes et des fleurs, et les comprenant. Aucun plaisir raffiné n'égale celui de se balancer au faîte d'un cerisier en compagnie des moineaux et des loriots. S'en souvenir plus tard est une joie pure où l'âme se réchauffe comme le lézard au soleil.

Piété pour les jeunes années ou profond attachement à la vie de simplicité, j'aime encore ces plaisirs comme au premier jour. Il me semble vivre, dans cette combe inconnue, un moment d'éternité.

Les sapins antiques lèvent leur tête solitaire parmi de vieilles roches blanchies par le temps. Une épaisse végétation de genêts couvre le sol comme d'une toison d'or, et çà et là, entre des buissons dont le soleil surchauffe les senteurs, quelques pieds de fraisier sauvage ont poussé. Leurs fruits mûrs embaument l'air et s'offrent à la cueillette. J'accepte.

J'en cueille pour toi d'abord, cher enfant, que la douleur tient immobile au logis. Il te semblera, en y goûtant, retrouver dans leur arome une pensée de l'âme des grands bois.

Et puis, à mon tour, j'en mange avec délices, communiant à la grande table universelle : hôte du bon Dieu, convive de la fauvette et du grillon qui boit la rosée au creux humide des feuilles. Le saxifrage et les campanules sont les bouquets de la table; et de siège, en est-il un meilleur que cette grosse

racine garnie de mousse qui, non contente de
vous porter, vous prend le corps et vous soutient comme un bras?

L'AMI. — Jouis de cette heure, sans trouble,
sans regret! Redeviens enfant! Abreuve-toi de
force et de simplicité! Laisse-toi dire ce que les
fleurs des bois savent mieux que l'homme à la
sagesse courte et craintive! Prends racine au
cœur des choses; puise de l'énergie pour
les futures batailles, les chaudes rencontres,
les spectacles douloureux! Clarifie ton âme et
l'assainis aux rayons de ce soir clément! Le
mystère consolant fleurit dans les genêts et
tremble aux rameaux dans une goutte de rosée.
Puisse l'esprit qui ranime et soutient, passer de
ce coin de forêt au livre de ton âme, en y
marquant sa trace indélébile!

L'ÉTERNEL DANS L'ÉPHÉMÈRE

— Le soleil darde sur les sapins. De leurs
branches vertes, de leur écorce qui suinte, de
leurs cônes distendus par la chaleur, s'évapore
la résine. Le sol même, couvert d'aiguilles
mortes et surchauffées, dégage un parfum
subtil. Au seuil du bois, la prairie alpestre
résonne du chant des grillons et du ra-
mage des facétieuses sauterelles. C'est la joie,
la vie, l'amour. Le peuple des insectes est en
liesse. L'atmosphère leur appartient. La forêt
grave et vieille susurre avec les moucherons.

. . . .

Où serez-vous dans six mois, papillons fo-
lâtres, scarabées cuirassés de nacre, bourdons

sonores ? Enragés musiciens tourbillonnant dans un rayon de midi, où seront vos crécelles, vos sifflets, vos tambourins ?

Un champ de neige nous regarde par les lucarnes de la sapinière voisine. Il m'avertit que tout ce joyeux bruit sera couvert d'un linceul. La forêt chantera encore, mais dans la tourmente, cette fois. Le vol capricieux des flocons dansant au sifflement de la bise, remplacera celui des abeilles et des libellules.

L'Ami. — A quels sinistres pensers ton âme est-elle en proie ? Ton bonheur exige-t-il qu'il y ait des mouches, même l'hiver, et que les papillons deviennent centenaires ? Leur grâce n'est-elle pas dans leur fragilité ? Que deviendrait la fraîcheur des roses, si elles avaient la résistance du métal ? Et que resterait-il de la beauté des soleils couchants, s'ils devaient durer toujours ? Pour te plaire, une chose est-elle tenue d'être longue ? Que gagnerait l'éclair à durer ? Ce que gagne un cri du cœur à se répandre en un flux de paroles; une heure de joie intense à se délayer dans un déluge de jours.

— Contre ton habitude, tu railles. Je ne te reconnais pas. Toi, représentant de ce qui demeure, sous quel jour ignoré m'apparais-tu ? La joie éphémère me désole et m'accable; j'aspire à ce qui ne meurt pas.

L'Ami. — Ce qui demeure, c'est ce qui est. Une chose n'a pas besoin de s'éterniser pour participer de l'éternel. Il suffit qu'elle soit accomplie en elle-même. Ici le temps ne fait rien à l'affaire.

A la joie de cette fête de soleil, rien ne manque. S'il y a une ombre au tableau, elle est en toi. Ne t'attriste pas sur ce peuple éphémère : prends de lui une leçon, prête l'oreille ! Aucun son discordant : c'est la plénitude absolue. Tout est fondu en une harmonie immense, vibrante et lumineuse. Ce chant universel dit l'ivresse de vivre, la paix, la

confiance. Ils ont une seule goutte de l'Océan,
mais cette goutte est pure. Ne les plains pas.

— Ils ignorent leur bonheur; c'est comme
s'il n'existait pas.

L'Ami. — En cela encore, détrompe-toi. L'astre
connaît-il sa splendeur, l'enfant sa grâce, le ciel
sa profondeur ? L'âme qui s'ignore ne jouit-elle
pas d'une beauté de plus ? Pour être généreux
et bon, est-il nécessaire de le savoir ? Les
héros dont nous admirons le courage tranquille
se trouvent-ils eux-mêmes héroïques ?

Savoir n'est pas tout. D'ailleurs que savons-
nous ? Peu de chose, à coup sûr, et pas assez
pour en vivre. A ceux-là, leur joie arrive par
d'autres voies que le savoir. Ils vivent sur le
fonds inépuisable qui alimente les créations.
Ils sont à la source, comme le nourrisson au
sein. S'ils se raisonnaient à ta façon, ils seraient,
comme toi, au régime des citernes crevassées.
Leur joie s'en irait en fumée, et leurs chants
cesseraient.

— Puis-je m'empêcher de penser, de prévoir ? Pour quel usage m'est offert le don de réflexion ? Ne m'as-tu pas toujours engagé à m'en servir ?

L'Ami. — A t'en servir, afin de voir plus clair, mais non pour faire la nuit en plein jour ; ta raison doit te fortifier et non t'abattre. Si elle te gâte la vie, c'est donc que tu l'appliques à des besognes qu'elle fait mal. Tu la décourages en l'attelant à l'impossible. Comment pourrait-elle t'aider à vivre, si tu l'exténues ? Tu lui demandes de te fournir l'explication de l'univers, et dans le produit de son impuissant effort, tu t'installes. Le manque d'air et d'espace t'y étouffe. Ta joie s'étiole comme une plante en cave. Le moindre cri-cri sous l'herbe en mène plus large que toi.

— Hélas ! que de fois l'ai-je éprouvé avec douleur. L'inquiétude me ronge. Comment vivre tranquille dans ce monde chancelant ? Rien n'est ferme sous nos pas. Sur nos têtes tout menace ruine. La joie même nous fait peur.

L'Ami. — Pauvre enfant, que je te plains d'être
ainsi torturé. Si tu savais comme la confiance
est bonne, et vain le souci. Quand tu auras
prévu tous les malheurs, signalé à l'horizon tous
les orages, il t'en arrivera un que tu n'auras pas
aperçu. Du ciel bleu, la foudre tombera sur ta
tête. Cesse donc de t'agiter inutilement ! Arrête
les frais ! A quoi bon cette fabrique de soucis
où tu places tes meilleures ressources pour
exercer une industrie malsaine ?

Ne vaux-tu pas mieux qu'une fourmi ou une
luciole ? Si ceux-là, que la première gelée de nuit
emporte, boivent au pur calice de la joie, te
réserveras-tu la lie amassée dans je ne sais
quelle coupe impure et trouble ? Comprends la
leçon de divine insouciance qui sonne par cette
montagne ! Hé oui ! la figure de ce monde passe ;
il y a sans doute d'excellentes raisons pour cela.
Ne t'épuise pas à le déplorer. Saisis dans son
vol rapide la révélation de la minute qui fuit.

Cet entrain, l'unanimité de ce vibrant concert

ne te dit-il donc rien ? C'est un symptôme à
retenir. Il flotte à la surface, mais il vient
de loin. Le fond du monde est solide, on peut
bâtir dessus : voilà ce que dit l'étoile qui chemine
par les cieux, et l'insecte qui chemine sous l'herbe ;
voilà ce que fait bruire dans un rayon de soleil
l'innombrable essaim des éphémères. — Sois un
homme, comme la fleur est une fleur, l'abeille
une abeille ! Vis ta vie ; fais ta route ; accomplis
ton œuvre et ne t'inquiète pas du reste ! Et toi
aussi, tu connaîtras la paix, la joie, la plénitude.

III

HEURES DOULOUREUSES

Dis-moi ta peine.

ROI DE MISÈRE

L'Ami. — Le Christ a dit : « Je ne suis pas seul, le Père est avec moi. » Tu peux le dire aussi avec joie, à certaines heures. Pourquoi donc à d'autres, aux heures noires où ta cour de misères s'assemble, faut-il que tu dises avec tristesse : Je ne suis pas seul ?

Qu'as-tu fait pour te condamner à pareille société ? En vérité, Dieu nous a-t-il donné une âme, pour en faire une hôtellerie morose, où des places de choix sont accordées à des visiteurs aux figures sinistres qui, de leurs discours et de leurs réflexions, nous glacent le sang et abattent le courage ?

Que te disent-ils tout bas, ces compagnons aux traits lamentables ? Que la vie est mauvaise, qu'il n'y a pas d'espérance, que le mal est vainqueur, vainc la lutte pour toute bonne cause. Ils te renouvellent les souvenirs amers et te font voir, dans l'avenir, des ennemis nouveaux se préparant à fondre sur toi. Et après ? Te tendent-ils la main, ces seigneurs Soucis ? T'aident-ils à te débrouiller ? — Non, ils n'ont jamais su que gémir. Hors d'ici donc, ces tristes parasites, toujours prêts à envahir la solitude des êtres harassés ! Ils ont le don de se faire aimer, comme les mauvais fils, pour tout le mal qu'ils vous font. Nettoyons-en notre esprit comme d'une moisissure !

INGRATITUDE

— Oh ! l'ingratitude, mal hideux et rongeur !
Comme elle torture le cœur !

L'Ami. — Mais il doit y avoir du plaisir à la
pratiquer, si j'en juge par le nombre des ingrats. Certains ont le vin triste et la gratitude
morose ; mais ils ont l'ingratitude joviale. Re-
gardez-les quand ils remercient : ils forcent
leur talent. Lorsqu'ils pratiquent l'ingratitude,
ils sourient. C'est le sans-gêne, la désinvolture,
l'aisance des petits canards sur l'eau : vous les
contemplez dans leur élément.

D'autres vices prospèrent sous des latitudes
déterminées. Celui-ci est cosmopolite. Il prospère à tous les étages de la société, à tous les
âges de la vie. Dans les caves, dans les gre-
niers, il est chez lui partout. Aujourd'hui il

porte des boucles blondes ; vous le prenez pour un enfant. Demain vous le rencontrez en cheveux blancs ; c'est un de ces hideux vieillards dont la vie n'a été qu'une longue déchéance. Quand l'ingratitude vous blesse de la part des grands, vous la croyez grande dame. Mais prenez garde aux métamorphoses ! A la première occasion, elle prendra les traits d'une mégère.

Il y a l'ingratitude des enfants et celle des parents, des peuples et des rois ou des classes dirigeantes, des chefs et des subalternes, des maîtres et des serviteurs, du public et des hommes en vue, des riches et des pauvres.

Nous avons aussi des formes d'ingratitude dont on abreuve spécialement certaines catégories de personnes. Ingratitude pour médecins, ministres, vieux serviteurs usés à la peine ; pour chanteurs n'ayant plus de voix, pour citoyens dévoués, ruinés au service de la chose publique ; pour héros morts à tous les champs d'honneur et de sacrifice. — Une des pires ingratitudes est celle de l'homme envers la femme. Demande-le aux oubliées, aux délaissées, aux désespérées, aux mortes de douleur !

Faire des ingrats est inévitable. Une plante qui réussit dans tous les terrains et dont la graine ailée voltige dans tous les coins, ne peut manquer de pousser un peu partout. Si donc vous faites du bien et vous dépensez sous n'importe quelle forme, vous cultivez l'ingratitude. Où est celui qui n'a jamais rendu service à personne, à qui aucune variété d'ingratitude ne puisse être témoignée ?

Mais plus vous payerez de votre personne et plus vous récolterez d'ingratitude. En sorte que ceux qui en méritent le moins en récoltent le plus.

Rien n'est douloureux à éprouver comme l'ingratitude. C'est une croix pénible à porter. Pour quelques-uns s'y ajoute la couronne d'épines et tous les accessoires du calvaire. L'ingratitude est ingénieuse, pleine de ressources toujours nouvelles, inépuisable en son répertoire.

Elle a infligé à l'humanité quelques-unes de ses plus vives douleurs. Plusieurs en ont le cœur meurtri, rongé, et la vie gâtée. On dirait, en vérité, qu'il est plus difficile de pardonner le bien qu'on nous a fait, que les offenses reçues.

— L'ingratitude vous décourage de bien faire, voilà le plus triste.

L'Ami. — En cela, nous avons tort. C'est une question de but et de point de vue. Si tu sèmes le bien, pour récolter de la gratitude, tu auras, certes, les pires déboires. Finalement, dégoûté, tu abandonneras une culture désastreuse. Fais le bien, suis la bonne voie, donne ton labeur, ouvre tes bras à l'affection, sans trop compter sur les résultats ! Mais évite cette figure aigre de certaines gens de bien, qui prévoient l'ingratitude partout et pleurent sur elle avant sa naissance ! Ce serait là une façon de la provoquer. On fait encore

des ingrats en pratiquant le bien, mal à
propos, en se jetant, s'amoindrissant et s'avilis-
sant par la facilité du don. Faire apprécier ses
dons est un service à rendre. Enveloppez la
bonté d'un peu de dignité, de rudesse même !

Surtout ne vous enfuyez pas, si vos amis, vos
obligés, si la jeunesse veut vous témoigner de
la gratitude ! Restez là et laissez-vous offrir des
hommages ! Votre modestie peut-être en souf-
frira. Il faut savoir souffrir pour le bien d'autrui.

Les victimes de l'ingratitude ont, dans tous
les pays, à toutes les époques, un compagnon
dont l'exemple peut les réconforter. Ce compagnon, c'est Dieu, le plus oublié de tous les bien-
faiteurs. A-t-il jamais cessé cependant de manifester son amour ? Et depuis que le Christ est
mort sur une croix d'infamie, symbole éternel
de l'humaine ingratitude, le comble est atteint.
L'homme des douleurs peut dire à ses frères :
« Venez à moi, je vous soulagerai ! »

SOUVENIRS AMERS

L'Ami. — Ne te condamne pas aux souvenirs amers !

Pourquoi faire l'honneur à l'offense de la placer aux écrins de ta mémoire ?

As-tu le cœur trop vaste, pour y donner tant de place à la rancune ?

Le peu que l'homme sauve du naufrage de l'oubli, consistera-t-il surtout dans le mal qu'on lui a fait ?

Il y a des actes impardonnables, des êtres qui ne méritent ni excuse, ni bienveillance, ni indulgence. Est-ce une raison pour les associer à notre pensée à jamais ?

Laisse tomber l'injure à terre, et ne la ramasse pas ! Baisse-toi plutôt pour ramasser la fleur, si humble soit-elle, qui t'a souri en ce vallon !

OUBLIE ET PARDONNE !

Au plus profond de toi-même, creuse une tombe ! Qu'elle soit comme ces lieux oubliés vers lesquels ne conduit aucun sentier ! Et là dans l'éternel silence, ensevelis le mal que l'on t'a fait ! Ton cœur sera libéré comme d'un fardeau. La paix divine y régnera.

NE PARLE PAS !

— Mets ton doigt sur tes lèvres, souffre et tais-toi ! Qui es-tu pour parler devant la Majesté sainte et terrible ?

— Je suis *son* enfant.

VASE ET POTIER

— « Le vase dira-t-il au potier : Pourquoi m'as-tu fait ainsi ? » (Ésaïe.)

L'Ami. — L'esprit de contestation est un des plus stériles parmi les stériles. Mais nous empêcher de parler, qui le pourra ? Lorsqu'on souffre, on a le droit de se plaindre, voire même de crier tout haut. Le silence même se transforme en cri. Quand elle ne peut plus ni implorer, ni crier, alors la douleur est vraiment éloquente. Ne te prive pas, vase infirme, de dire à ton créateur tout ce que tu ressens ! Sois d'une sincérité limpide ! Ne te trouve pas beau si tu es laid, heureux si tu es misérable ! N'approuve pas, pour plaire à plus grand que toi, ce que ta conscience réprouve !

Fais à ton Père l'honneur de ne pas le confondre avec ce riche dont parle le vieux Sirach : « Le riche commet des injustices et y ajoute l'impudence; le pauvre souffre et doit encore remercier. » Dis-lui ta peine. Dis-lui : *Regarde comme je suis fait !* — Ton avis, plus que tu ne saurais penser, est partagé. Que toute infirmité soit guérie; que les aveugles voient, que les sourds entendent, que les prisonniers soient libérés, que les méchants deviennent justes, et que les morts vivent ! Voilà le dessein caché qui s'élabore sous le mystère de notre vie. Si pauvre soit le vase, si magnifique le Potier, ils doivent être d'accord, non pour le maintien du *statu quo,* mais dans le *souci du mieux.*

DIS-MOI TA PEINE

Garde ton secret, pauvre cœur, tu n'as rien de plus précieux ! Que les regards profanes ne le souillent pas ! Mais pourquoi me cacher ce que je sais, ce qu'il te serait salutaire de me révéler ? Ta peine entière, produis-la ! Qu'en pleine lumière elle paraisse devant moi, et tu seras soulagé ! Je te connais, je t'ai sondé. Pour tout ce que tu souffres, je t'aime.

REGRET

Comme un bien précieux, place-le en lieu sûr !
Il y a tant de gens qui le placent mal.

On les voit persévérer dans leurs mauvaises
pensées et regretter les bonnes.

Regrette les jours perdus, les heures vaines !
Regrette la parole blessante, le soupçon injuste,
le jugement rapide !

Mais ne regrette jamais d'avoir suivi ton
cœur, lorsqu'il te portait à la confiance, à la
franchise, à la bonté !

Ne regrette pas les larmes versées. Ne
regrette pas d'avoir obligé des ingrats, gardé
tes illusions, d'être resté humain par la tendresse, l'espérance et même la douleur !

Sur tous ces points, il est bon de vivre et de
mourir impénitent.

VILAINES GENS

L'Ami. — Te voilà donc, l'âme froissée, déchiré partout comme à coups de griffes. Sur tes vêtements, de la boue ; sur ta figure, du sang. Tu reviens d'entre tes semblables, comme si tu sortais des mains des brigands. Oh ! les vilaines gens !

— Et c'est cette espèce que tu prétends me faire aimer !

L'Ami. — Pauvre enfant, je te comprends, je te plains. Fuir à jamais leur commerce, voilà ton légitime désir. Comment en serais-je surpris ? Hideuse est leur méchanceté. Quel mensonge de te les présenter comme aimables et dignes d'être aimés !

— Alors, laisse-les-moi mépriser et haïr.

L'Ami. — Au mal qu'ils t'ont fait, pourquoi en

ajouter un autre ? Mépriser est une souffrance;
haïr fait mal. Mépriser, c'est effacer du livre
de vie; peser et trouver trop léger, examiner
et jeter au rebut. Peux-tu prendre ton prochain
et le rejeter sans souffrir ? Ne vis-tu pas d'espérance ? Mépriser est un acte de désespoir. Et
haïr aussi. Celui qui hait, excommunie, et livre
à la perdition. Peux-tu, sans frémir de douleur,
prononcer la suprême sentence, déclarer quelqu'un perdu ?

— Ils sont incorrigibles.

L'Ami. — Le seraient-ils, les malheureux,
pourquoi, s'ils coulent à l'abîme tout seuls,
suspendre à leur cou la pierre de ton mépris ?

— Soit, je détournerai d'eux mon regard et
les oublierai.

L'Ami. — Tu le détourneras, mais ce sera pour
déplorer leur sort. Ce sort, peux-tu l'oublier ?
N'est-ce pas la grande ombre qui voile toute
lumière ? Quel malheur d'être méchant et pesti-
féré! Un seul sentiment est possible devant cette

calamité : la Pitié. Ne les plains-tu pas? Ne sont-ils pas à plaindre ?

— Ils sont à plaindre, et, somme toute, je les plains, mais à quoi bon ?

L'Ami. — Plaindre vaut mieux que mépriser et haïr, c'est plus vrai et plus juste. Ils se moquent de ta pitié. Mais il est bon que tu l'éprouves, bon pour toi, pour la cause humaine. Avoir pitié c'est garder l'espérance, et implique que tout n'est pas perdu.

— Hélas ! je ne vois que de la nuit et pas une étoile. La méchanceté humaine est insondable comme l'abîme, impossible à déplacer comme les montagnes.

L'Ami. — Regarde l'abîme et dis : je ne sais qui le comblera. Regarde la montagne et dis : Je ne sais qui l'abaissera. Mais *aie pitié du méchant.* Et lentement, le sentier de la pitié te conduira plus loin, vers des hauteurs où l'on comprend que les abîmes sont comblés et les montagnes enlevées.

SCHISME

Mes frères se mordent et se déchirent entre
eux. S'ils correspondent ensemble de loin, c'est
par anathèmes et flèches empoisonnées... Et moi
je les aime tous. Quel supplice ! Il me semble
qu'ils s'entre-dévorent dans mon cœur.

Oh ! le schisme des esprits, l'horrible déchirure qui traverse jusqu'en ses fibres le tissu de
l'humanité ! Elle m'a scindé comme une étoffe.
Les lambeaux vivants aspirent à se rejoindre.
Du sein des divisions, je tends les bras vers des
amis inconnus. Je voudrais briser les obstacles,
franchir les abîmes, et je souffre, je souffre !

L'Ami. — Sort douloureux ! Un autre le partage. C'est Celui qui, sur eux tous, fait lever
son soleil et descendre sa rosée. En cette com-

pagnie, console-toi ! Mais que ta peine ne soit point stérile ! Dans toute douleur vaillante, un monde nouveau s'élabore et lentement mûrit pour l'avenir.

Bâtis-la dans ton âme, la haute cité de paix, en pleine rumeur des batailles, au milieu des cris de discorde ! Unis, en secret, ce que sépare le monde ! Élargis ta pensée ; transforme dans ton for intérieur, les rivalités en collaboration ! Ramène, associe, fusionne, garde la Foi et prépare l'Unité !

DÉTRESSE

L'Ami. — Paix sur toi ! D'où te vient ce visage défait, pourquoi ces mains lasses ?

— J'ai le cœur déchiré par la grande douleur de vivre. Mon être n'est qu'une blessure. Toute existence m'apparaît rongée par le néant. Les vivants me font l'effet d'ombres ; leurs pensées, de rêves ; leurs entreprises, de chimères. Notre peine est infinie. Pour peser nos charges, il n'est pas de balance ; nos souillures dépassent l'imagination même, et nos forces, que sont-elles ? Le choc d'un roseau contre les monts granitiques. Peut-il y avoir encore de la joie dans une semblable vie ? De la confiance en l'avenir, pour qui n'est sûr de rien ? L'homme a-t-il un lendemain ?

Nous sommes pareils aux fourmis dont le passant, distrait ou brutal, disperse la demeure d'un coup de pied. Les pauvrettes courent, peinent, ramassent les débris, sauvent les blessés, restaurent les galeries dévastées. A peine ont-elles fini, qu'un autre coup de pied anéantit le fruit de tant d'efforts. Je ne me sens plus la force de recommencer. Assis sur les ruines, je pleure et j'envie la paix profonde des morts.

L'Ami. — Laisse-moi pleurer avec toi ; je les comprends, mon fils, tes larmes. Elles roulent brûlantes sur ma joue depuis des siècles. Pauvre humanité, battue par tous les vents, que de fois tes souffrances accumulées m'ont fendu l'âme ! Vos lassitudes me sont sacrées. Je voudrais mettre mes mains sous vos pieds sanglants, vous porter sur mes bras, comme une mère, vous chanter des berceuses qui font oublier la peine.

Pour toutes vos meurtrissures, je vous aime. Mais je vous admire encore davantage à cause de votre long courage.

Accablés, brisés, sur le chemin aride et sous
un ciel de feu, que vous marchiez encore malgré
tout, je ne sais rien de plus beau. Si des créatures idéales, pures, heureuses, vivent rayon-
nantes de perfection, cela est conforme à l'ordre.
Mais que vous et vos enfants, tordus par le mal,
endoloris, rongés de fièvres, empoisonnés de
pestilences physiques et morales, vous vous
traîniez encore vers le but; que dans la poussière où vous terrasse la mort, vous plantiez la
bannière de l'Espérance; que dans l'ombre
opaque vous gardiez la Foi, cela est sublime,
divin. Ni la splendeur des soleils, ni l'hymne
des créations, ne me retiennent plus. J'ai
détourné mes yeux des visions olympiennes;
ils n'ont plus de regards que pour vos calvaires.
Viens, pèlerin fatigué, usé de veilles et de luttes !
Pose ta tête sur mon cœur; laisse-moi garder
ton sommeil comme on garde un trésor ! Qu'il
soit doux, profond, réparateur ! Et que, de mes
mains caressant ton front brûlant, de tout mon

être penché sur le tien, descende en toi le sentiment d'une immense Pitié inclinée sur les hommes !

... Il dort. Combien de questions le sommeil résout ! Heureux ceux qui peuvent encore dormir ! Endormi, le prisonnier est libre, le malade guéri, l'exilé revenu au foyer. Il y a des accablements devant lesquels tout essai de réconfort est vain et toute parole impie. Leur ouvrir les bras, c'est ce que l'heure demande : « Venez à moi, vous tous qui êtes fatigués et chargés ! »

Lassitudes mortelles, prostrations, mornes solitudes où plus rien ne luit, vous me rappelez la fin douloureuse de tant de martyrs des justes causes.

L'effort démesuré a tout épuisé : la bonne volonté, le courage, la patience et même la faculté de souffrir. C'est la défaite, le naufrage. A l'horizon de l'âme, les astres se sont couchés ;

la nuit est descendue dont on n'attend plus d'aurore. Les vaincus ont bu le calice jusqu'à la lie ; ils se sont étendus dans la poussière, l'œil vide, avec cette impression dernière et horrible que tout était fini : « Mon Dieu, pourquoi m'as-tu abandonné? »

Leurs bras se sont tendus vers le secours ; il n'est pas venu. Ils ont compté sur Quelqu'un, caché sous le voile de ce monde visible, et ce Quelqu'un ne s'est pas montré. Pareil à l'homme oublieux de sa parole, il a manqué à l'heure décisive...

Et pourtant! Dieu des vaincus, s'ils ont cru en Toi, quelle démonstration de ton attrait puissant! Comme la boussole vers le nord, leur conscience gravitait vers ta lumière. Ils ont cru en Toi plus qu'à la vie, plus qu'à la mort, plus qu'aux réalités que touchent les mains, que les yeux contemplent. Leur poussière encore te proclame.

Dieu des vaincus! si la trace de tes pas s'est

imprimée au front des étoiles, si la nature en fleurs en a gardé comme un parfum, si l'immensité n'est qu'un reflet de ta grandeur, il est un lieu où tu dois être plus qu'ailleurs : c'est celui où tombèrent tes enfants accablés par des luttes et des épreuves surhumaines. Ailleurs tu envoies tes messagers, ici tu es toi-même. Ici ta présence brûle comme en un foyer. Ces vaincus sont les pierres d'attente d'un monde plus beau. En eux réside ce qui demeurera, quand tout le reste aura disparu comme une vapeur. Aussi, quand ils sont descendus au gouffre, ceux qui restent en entendent monter une voix qui dit : « *Je suis là.* »

Leur mort enfante de la vie ; leur tombe dégage de la lumière, leurs os fleurissent, pareils à la verge d'Aaron, et partout où ils furent terrassés, germent comme des semailles sur les sillons, l'espérance invincible, le courage que rien n'abat.

TEMPS BRISÉ

— Mon temps est brisé en parcelles menues. Trop de soins et de soucis en réclament leur part. Grand est le nombre des importuns qui me gâtent des instants précieux. O, jours sans déchirure, jours d'une pièce où le travailleur peut tailler à l'aise, donner libre carrière à la pensée qui l'obsède! jours de création, de paix, oublieux des heures rapides : et grandissant presque jusqu'à la taille de l'éternité, je vous aime et vous regrette. Quand donc pourrai-je vous revoir?

Je suis comme le coursier prêt à fournir sa course et qui part plein d'entrain. A peine a-t-il fait dix pas, une main brutale l'arrête, coupant et saccadant son effort. Il suivait son élan : il doit le réprimer. Et sitôt qu'il est parvenu à se retenir, un coup de fouet lui enjoint de démarrer. Que peut bien devenir son ardeur, soumise à un semblable régime ?

L'Ami. — Il est démoralisant en effet ; mais dans cet esclavage même, il reste une place à la liberté intérieure. Si, malgré tes efforts, tu ne peux trouver que des miettes de temps à consacrer au labeur aimé, ramasse pieusement ces miettes. Le temps est si précieux ; les moindres morceaux en sont bons. Et, pour qui sait les utiliser, les heures acquièrent une capacité singulière. Il en est où peuvent se condenser des années et des siècles. N'as-tu pas quelquefois, en cherchant la lumière sur ces hauteurs, rencontré la brume ? Les lointains se cachaient ; c'est à peine si tu voyais ton chemin, condamné à tâter chaque caillou du pied et du bâton, pour ne pas choir en marchant. Puis de temps à autre le rideau se déchirait, se renfermant aussitôt. Mais de cette vision rapide quelle impression profonde te demeurait? Rappelle-toi le jour où les souliers pesants de terre détrempée, le dos chargé d'averses successives, les yeux, depuis des heures noyés de froides brumes, nous avons, entre deux loques de nuages gris, vu briller un coin de ciel bleu ! Rappelle-toi, dans un regard de soleil, sur l'Alpe immense, des millions de pensées sauvages et de renoncules d'or ! Cette minute ne payait-elle pas toute la peine de la journée? N'eût-elle pas perdu d'être plus longue? Crois-moi, la vie, envisagée sous un certain point de vue, c'est l'art de saisir l'occasion furtive, de tailler un vêtement dans une chute.

Le sculpteur trouve un fragment de marbre et en tire un chef-d'œuvre.

Sur un débris de papier retiré du panier, le poète, en une heure sans emploi, trace un chant immortel.

Ramasse et agence les pierres qui gisent

pêle-mêle dans cette gorge de montagne ! Tu en feras une cathédrale.

La terre n'est-elle pas faite d'un fragment du soleil, et l'homme d'une parcelle de l'infini ?

Courage donc ! dans les quelques moments perdus qui te restent, mets ton âme ! Tu n'auras rien à regretter.

Pourvu que dans cette pauvre goutte de temps descendant au gouffre, un éclair de beauté, un sourire de bonté se reflète en passant !

LE PÉCHÉ

Le péché est un grand révélateur. « *Leurs yeux furent ouverts, ils virent qu'ils étaient nus.* » Cela marque surtout une découverte misérable. Mais une vérité humaine d'ordre général est contenue dans cette constatation symbolique, comme dans ce vers d'un poète :

Et nul ne se connaît, avant d'avoir souffert. La douleur d'avoir mal fait, ouvre un jour imprévu sur ce que nous sommes. Dans cette douleur nous est enseignée notre noblesse originelle, se trouve affirmée cette part d'initiative dans nos affaires qui est proprement notre liberté. Enfants de la seule poussière, résultats des seules forces mécaniques, nous ne connaîtrions pas la douleur d'avoir mal fait, parce qu'il n'y aurait pas pour nous de mal. Ne dites pas : c'est de l'atavisme. Car si ma douleur provient de mes ancêtres, des coutumes, de l'éducation, d'où donc la tenaient-ils ? Même implantée d'ailleurs, si la plante du repentir grandit au champ de nos âmes, c'est qu'elle y trouve de la nourriture. Et parfois, épouvanté par la grandeur du mal, j'ai repris courage, en pensant qu'après tout, il n'y avait pas de plus forte preuve d'une vie supérieure que lui. Comment dirions-nous : « Il fait nuit », si nous n'avions pas connu le jour ? Comment le mal existerait-il pour nous, si nous n'étions apparentés avec le bien ? Et ainsi cet abime nous prouve qu'il en est un autre. Dans le sentiment même de la faute, poignant, tragique, est un *sursum corda*.

Celui qui n'a jamais tremblé devant le mal qu'il a fait, ni pleuré sur ses fautes passées, ignore toute une face du monde et de l'âme. Il est moins homme qu'un autre. Je ne puis me figurer ce que serait l'humanité sans péché. Elle perdrait du même coup, avec sa misère, ce grand charme de lutte, sa beauté principale. Je voudrais pouvoir mesurer toute la profondeur de vérité contenue dans cette exclamation de saint Augustin : « *Felix culpa !* »

LE DIEU DES PAUVRES PÉCHEURS

L'Ami. — Dieu est grand, insondable, adorable, soit qu'il rayonne au front des étoiles ou sourie au calice des fleurs. Il est beau dans les nuits sombres et le jour éclatant; plus beau dans la conscience des justes; plus beau dans la pitié pour ceux qui souffrent. Mais il n'y a pas de Dieu comparable à celui des pauvres pécheurs.

REPENTIR

L'Ami. — Que fais-tu là dans la poussière ?

— Je me voile la face et je pleure de honte. Comment est-il possible ? C'est moi qui ai fait cela. Le dégoût de moi-même s'empare de ma pensée. Je ne voudrais plus me montrer. Disparaître dans le repentir ; je serais heureux d'en avoir la faculté.

L'Ami. — Tu as tort. Le regret passif est une faute de plus. Un mauvais orgueil se cache dans cet étonnement d'avoir failli. Eh oui, c'est toi qui as fait cela ; tu feras bien de t'en souvenir, afin de ne pas mépriser les autres. Mais à quoi peut servir le dégoût de toi-même ? C'est du soin, du courage, de la clairvoyance et non du dégoût qu'il faut, pour guérir les malades.

Lève-toi, secoue-toi, essuie tes larmes pour y voir plus clair. Sois un homme, porte ta misère! Dieu remet la faute; toi répare, profite de la leçon, sème et laboure, veille et prie, marche et combats! Malheur à ceux qui surissent dans les repentirs stériles et les molles tristesses! Ils passent la moitié de leurs jours à se lamenter sur les fautes de l'autre moitié, et leur vie tombe inutile au gouffre du passé.

ET JÉSUS REGARDA PIERRE

Ce regard ! chargé d'ombre, au spectacle des douleurs, des souillures, des méchancetés, de tous les fardeaux que porte la pauvre humanité, de tous les liens écrasants ou honteux qu'elle traîne ! Nos âmes enténébrées lui apparaissaient comme les grands yeux vides et ceux de l'aveugle, ces pauvres cavernes pleines d'une obscurité morne, semblant porter le deuil du jour perdu. Et les disciples, par moments, y voyaient se dessiner quelque mystérieux Calvaire devant lequel leurs cœurs s'emplissaient d'épouvante !

Mais il était aussi, ce regard, comme un jour ouvert sur le monde supérieur dont le souvenir l'imprégnait. Il rayonnait de la certitude paisible que procure au cœur la présence divine. Et son calme disait : « Soyez tranquilles, j'ai vaincu le monde ! »

Transparences du royaume de Justice, clartés d'aube éclairant un avenir transformé, paix, tendresse, pitié, pardon, dans ce regard vivait tout cela... Aucun chant inspiré, aucun verbe enflammé des prophètes, aucune forme de beauté créée par les arts pour représenter la splendeur de l'invisible, n'a jamais apporté aux hommes la clarté qui était dans ce regard. Nous vivons de sa lumière. Et lorsque en nous son éclat faiblit, l'ombre grandit, la joie disparaît, les crépuscules effrayants envahissent nos sentiers, et le froid de la mort nous enveloppe, de l'autre mort, de celle qui ne connaît pas d'espérance.

Que ce regard te trouve, qui que tu sois; tombé, te relève; blessé, te guérisse; égaré, te ramène! Sens-le fixé sur toi, lorsque le tien se fermera! Et mourir sera, pour toi, t'endormir sous le regard de Celui qui a dit : « Je suis la résurrection et la vie. »

SOUS TON AILE

O Dieu ! sauve-moi du monde incompréhensible et fatal, effrayant de ténèbres ! Fais-moi pénétrer dans ton royaume lumineux où tout est clair par la confiance en toi ! Ne laisse pas tomber mon âme vivante aux griffes des nécessités impassibles et mortes ! Que je sois affligé, pourvu que je sente que tu le sais ! Que je marche dans la nuit, pourvu que tu y sois ! Accorde-moi le calme intérieur, et à défaut de la joie, l'abandon filial ! Cache-moi sous ton aile, quand passe la rafale, et rassure ma faiblesse par ta présence ! Si je m'égare, trouve-moi ; si je tombe, reste près de moi !

IV

DEVANT LA MORT

Vivre n'est pas tout ; mourir moins encore.

L'essentiel est que l'Esprit transparaisse à travers la vie comme à travers la mort.

LES DEUX SOMMEILS

Assieds-toi près des berceaux où sommeille l'enfance !

Assieds-toi près de la couchette où dorment les morts !

Dans le berceau, l'avenir est couché, comme aux sillons la semence.

Une promesse est dans chaque tête bouclée. Autour d'elle, c'est comme un battement d'ailes : l'essaim des espérances prend son vol, et les rêves y murmurent, pareils aux abeilles sur la bruyère.

Un jour, tout aboutira à l'autre sommeil.

As-tu regardé les morts dormir ? Qui donc attendent-ils ?

Car ils attendent, et sur leurs lèvres fermées cet appel voltige :

« Les jours sont accomplis. Nous avons marché, lutté, souffert.

« Où donc est Celui qui nous dira pourquoi... »

Les morts attendent Dieu...

Et maintenant, Seigneur, la parole est à toi. Tu sais ce que l'homme ignore. Tu sais ce que promet le berceau, ce que recouvre la tombe. En toi est notre espérance.

Si nous n'avions pas cette sécurité, le sourire des petits nous étreindrait le cœur. Il faudrait pleurer sur les berceaux plus encore que sur les tombes.

OH ! LA MORT !

— Oh ! la mort des aimés ! Oh ! cette misère, avant ! ce pauvre corps sculpté par la douleur, ces yeux caves, cette parole qui s'éteint ! Puis ce silence, cette nuit, cette poussière ! Avec quelle brutale insistance nous est fournie la preuve de notre néant ! Quelle fureur d'effacer jusqu'à nos traces ! Afin qu'il soit bien entendu qu'il ne reste rien de nous et de notre espérance. Même quand tout paraît fini, la démonstration continue et s'acharne. Aux vivants, tout crie : Tu es poussière ; aux morts, la tombe le ressasse. Après cela, que nous reste-t-il, si ce n'est les yeux pour pleurer ?

L'Ami. — Dans vos larmes vit l'espérance. Le désespoir même qui ne pleure plus est une forme de l'espérance qui ne peut mourir. Désespérer, c'est avoir vu son étoile se voiler. Au delà du voile, elle brille.

Vous avez l'espérance tenace. Les puissances de destruction ont beau faire abonder leurs témoignages ; leur victoire sur vous est de celles qui se crient si fort, parce qu'elles sont douteuses. Il est des morts qu'il faut tuer. Vous en êtes. Mais que peut-on contre eux ? Leur répéter qu'ils sont morts ? Cela ne prouverait-il pas au contraire qu'ils sont vivants ?

Elle est vieille comme le monde, la leçon de choses qui affirme et proclame votre incurable néant. Mais malgré tout ce qu'elle vous a fait souffrir, vous ne l'avez pas retenue. Votre néant, vous n'y croyez pas, puisque vous êtes toujours là. Si vous aviez ajouté foi à la révélation de mort écrite à travers la création, flamboyante dans les rougeurs d'incendie, hurlante dans la tempête, béante dans le gouffre, il vous serait arrivé selon votre foi. Convaincus de néant, vous seriez rentrés dans le néant. Mais que vous viviez

encore, après avoir été consumés par mille four-
naises mortelles, cela provient de votre foi à la
vie. D'où vous vient-elle ? De cette grande mécanique universelle qui vous broie? Non. Elle
vous vient de Dieu. Elle est, en vous, son inef-
façable signature. Ne la protestez pas vous-
mêmes ! Dieu vit en vous, voilà votre secret.
Vous êtes de sa race. Sa pensée s'agite sous
votre poussière. Vous êtes une espérance de Dieu.

— Comment ce qui n'est plus serait-il encore?
Comment, dévorés et digérés par la tombe, sub-
sisterions-nous ? Notre vie est effacée comme
s'efface sous le coup d'éponge une écriture sur
le tableau.

L'Ami. — On peut effacer l'écriture, mais non
pas l'esprit, le sens de l'écriture. Que la matière
fragile, où s'est incarnée pour un temps une
pensée divine, s'oblitère et s'évanouisse sous le
coup d'éponge du temps, l'espérance qui est en
vous, la pensée divine qui anime votre poussière, demeure. De par l'esprit éternel beso-

gnant en vous, vous êtes esprit. En Dieu est votre vie, votre identité garantie. Son souvenir, où rien ne meurt, entretient votre souvenir. As-tu médité parfois la profondeur limpide et infinie de cette vieille parole de psaume ? *Par sa lumière, nous voyons la lumière.*

Si par notre aspect extérieur et visible nous vivons dans le temps et l'étendue, c'est-à-dire dans l'éphémère, par notre aspect intérieur, invisible, nous vivons en Dieu, dans l'éternel, par conséquent. A sa lumière, nous voyons la lumière. Aveugles et morts serions-nous, malgré la perfection de cet organisme, si rien de divin ne le pénétrait. Cette merveille ne serait qu'une lettre morte. Or, c'est un verbe vivant. Que la lettre s'efface, l'esprit subsiste. Ne t'embarrasse pas dans les ruines de ce qui est passé, comme passera la figure de ce monde ! Lève tes regards vers la lumière ! Ils ne sont pas là, dans l'ombre et la poussière, ceux que tu pleures. Ils sont en Dieu, comme toi aussi ; par l'esprit qui t'anime, tu es en Dieu. Le lien n'est pas rompu.

Ne consens pas à leur néant ! Ceux qu'on aime ne meurent point. La tendresse qui les suit, devient, pour notre espérance, le pont jeté de ces bords mortels vers le rivage impérissable. Tu reverras tous ceux que tu as aimés. Tu les reconnaîtras. Les as-tu connus ici dans l'argile sous laquelle palpitait leur âme ? Non. Tu les connaissais uniquement par la forme et la vie imprégnée à cette argile. Et parfois tu soupirais de je ne sais quel mur de séparation entre eux et toi, les cherchant, et tenu à distance par ce qui n'était pas eux, tout en faisant partie d'eux, matériellement. Au grand revoir l'obstacle sera tombé. Plus rien de passager ne nous séparera. La soif d'union qui tourmente ici toute âme ferme et pure sera enfin apaisée. Ne te confonds pas avec ce qui n'est pas toi ! Connais-toi mieux ! Cet univers mécanique et tout ce qu'il contient, comparé à toi n'est qu'un symbole, une fragile similitude, où s'enveloppe une pensée immortelle. Saisis-toi dans ce que tu signifies ! car en cela tu demeures vraiment. Pleure ! tout ce qui est simplement et sincèrement humain est bon. Les larmes sont la rosée de cette fleur des cieux, nommée l'espérance. Pleure, mon fils, mais espère ; ose espérer ! De tous les courages c'est le plus beau. Tu ne l'auras jamais assez. On ne saurait trop attendre de Dieu. Toute attente sera infiniment dépassée. La plus pure clarté qui, pour nos âmes, éclaire l'au-delà, le pressentiment du plus heureux revoir, ne sont qu'une pauvre image, un lointain et pâle crépuscule en comparaison de l'immortel matin.

— Oh ! merci, répète-le-moi, encore, toujours ! Je suis le voyageur couvert de poussière ; tu es l'oasis. Je suis la soif ; tu es la source. Ne taris pas ! Loin de toi je doute ; près de toi je crois, et l'antique parole s'accomplit : mes brebis entendent ma voix !

SOURIRE

Comme elle nous souriait, au dernier jour, cette bonne mère !

L'Ami. — Souviens-toi de ce sourire ! C'est un reflet de la victoire sur la mort. Évangile libérateur ! pour t'annoncer, un dernier souffle de voix est plus puissant qu'une voix retentissante.

Toute belle vie demeure parmi nous comme un don de Dieu. Puisse le parfum en être gardé ! Ce qu'ils nous ont laissé, les chers envolés, reste à jamais notre trésor. Leur paix nous environne, apaise nos cœurs au sein des luttes, trempe notre courage aux heures difficiles. Vaillante patience, bonne humeur inaltérable, confiance en Dieu ; dans la figure de ta mère tout cela te sourit.

Et nous n'entrons pas seuls dans le mystère dernier. Ils sont tous là, les morts aimés. Leur présence nous soutient, leurs âmes nous accueillent et nous disent : Bon courage, amis, la tribulation augmente, mais le but est proche ; voici la grande paix, voici le port, voici la patrie !

*

Dans l'ombre planant sur nos sentiers, les regards des morts aimés se lèvent comme des étoiles. Sources d'espérance et de réconfort, ils nous aident à vivre et à souffrir, à marcher dans la certitude de l'invisible et dans l'affranchissement des éphémères vanités.

QUE LEUR DIRAI-JE ?

Que dire aux écrasés, à ceux qui n'ont plus rien à attendre, que la mort détruit, s'ils ne savent ni espérer, ni prier, ni croire ?

L'Ami. — Aime-les et tais-toi ! Dans l'amour, toutes les questions sont résolues. Le silence de l'amour vrai contient tout l'infini des révélations. Toute parole comparée à lui n'est qu'un effort inégal au but. Tais-toi ! Si tu parlais, tu dirais ce qu'on ne comprend pas, tu ajouterais une misère au fardeau des misères. Tu n'expliquerais rien et ne prouverais rien à cet être dans la fournaise, incapable de t'écouter, et tu le quitterais, l'ayant plongé dans la nuit

plus avant. Tu le quitterais, pensant peut-être
que tu as dit de bonnes choses, et content de
toi-même, ô ironie ! A ceux qui se débattent
aux griffes du malheur, offrir une formule est
cruel. Et parfois il ne leur est prouvé par là
qu'une chose, c'est que nous restons sur le
rivage, tandis qu'ils sont dans les flots.

Tais-toi ! Le silence est dans ce monde une
grandeur inconnue. Il règne volontiers aux
abords du royaume de paix. C'est un des messagers qui environnent l'Esprit. Quand le silence
se fait, grand, sacré, sois sûr que Dieu n'est pas
loin. Tais-toi !

Mais aime-les bien, ceux qui souffrent ! Prends
sur toi leur fardeau, entre dans la fournaise,
souffre avec eux. Et dans ce saint silence, actif
et dévoué, tu briseras la chape étouffante où le
malheur isole et enferme ses victimes. Ils te sentiront près d'eux, dans le désert d'angoisse qu'ils
traversent. Près de quelqu'un qui vous aime,
on n'est pas loin de Dieu. S'ils ne le connais-

sent pas, ils en sentiront l'immense douceur,
innommée, passer comme un souffle des cieux
sur leur front enfiévré.

*

L'Ami. — Couche les morts dans Ses bras,
quelque terrible que soit leur fin !

DIEU M'A PRIS MON ENFANT

— Dieu m'a pris mon enfant.

L'Ami. — Ne dis pas cela !

— Job l'a bien dit : « L'Éternel l'a donné, l'Éternel l'a ôté, que le nom de l'Éternel soit béni ! »

L'Ami. — N'abusons des paroles de personne ! Job voit fondre sur lui des malheurs inexplicables. Comme il sait que tout est dans la main de Dieu, il garde sa confiance, et le bénit, dans les jours mauvais comme dans les beaux jours. En cela il a raison.

Mais, relis les textes ! Disent-ils que Dieu avait décidé de prendre à Job ses biens d'abord, ses enfants ensuite, en dernier lieu sa santé ? Dieu est-il considéré comme l'artisan de ses malheurs ? Non. Il y avait là-dessous une machination de Satan. Job pouvait-il s'en douter ? Évidemment il se trompait.

— Mais n'est-il pas consolant de pouvoir s'associer à sa parole ? Quel autre refuge avons-nous dans les obscurités de la vie ? Quoi qu'il arrive, pouvoir nous en remettre à Dieu absolument, n'est-ce pas le recours suprême du croyant ?

L'Ami.—Certes, oui! Ici nous sommes d'accord. Il est bon de savoir que tout se ramène à Dieu, en définitive. Mais prenons garde ! C'est dépasser le but et sortir du vrai que de dire avec l'assurance d'un témoin oculaire : Dieu a fait ceci ou cela. Pour parler ainsi en connaissance de cause, il nous faudrait une envergure d'esprit qui nous manque totalement. Peux-tu poser ton pouce sur le Silberhorn et ton index sur le Davalaghiri ?... Ce serait là cependant une moins téméraire entreprise que de vouloir enfermer dans les limites de ton esprit certains domaines, entre eux contradictoires, de l'action divine.

Crois au Père, crois à son amour ! C'est ce que tu peux faire de plus conforme à la fois à ta raison et à ton cœur. Ne te laisse dire ni insinuer par aucun désordre de ce monde, par aucun malheur, aucune ignominie, aucune douleur affolante, que le Père t'oublie et ne t'aime pas ! Garde fixée sur toi sa face qui rassure et console !

Or, tu changes sa figure, en voyant en lui un ravisseur d'enfants. Son front se durcit. Il devient le despote se jouant de nos affections et de nos vies selon son bon plaisir, et devant qui rien ne vaut, si ce n'est « obéir et se taire ».

Ici, je ne sais quel bon instinct nous guide mieux que des paroles tombées au rang de formules. Si ton fils meurt assassiné, tu ne diras pas que Dieu l'a tué. S'il meurt victime de sa témérité, attribueras-tu sa mort à Dieu ? Non. Pourtant au fond de tout, il y a Dieu.

Mais voilà, ton fils est mort de maladie, et

couramment nous disons que Dieu l'a ainsi
voulu, qu'Il a envoyé ce mal.

Est-ce Dieu qui a organisé la vie telle que nous
la menons ? Notre hygiène fait-elle partie de sa
création ; nos grandes villes, de son plan ? Est-ce
que la femme et les enfants croupissant dans les
usines malsaines, au fond des troisièmes cours
d'un faubourg sans air, souffrent et meurent
selon une loi fixée par Dieu ? Certes, Dieu est
au fond de ces choses-là aussi, et c'est là notre
espérance pour en sortir. De ces cloaques, son
esprit nous mènera vers les pures hauteurs.
Mais si je pouvais croire le mal et la misère
conformes à sa volonté, tout mon entrain pour
les attaquer tomberait. Dans une pensée humaine, l'idée que Dieu fait directement tout ce
qui arrive, comme nous voyons un homme
organiser et produire ses actes, est une idée
intolérable, paralysant toute action, transfor-
mant la vie religieuse en un bagne. On n'éva-
luera jamais les angoisses et les tortures in-

fligées au pauvre cœur humain par la religion
ainsi comprise. Du fond de quel enfer Job crie-
t-il des paroles comme celles-ci : « *Et quand il
m'exaucerait, si je l'invoque, je ne croirais pas
qu'il eût écouté ma voix*, lui qui m'assaille comme
par une tempête, qui multiplie *sans raison* mes
blessures... Suis-je innocent? il me déclarera
coupable... Il détruit l'innocent comme le coupable... Il se rit des épreuves de l'innocent. La
terre est livrée aux mains de l'impie ; il voile la
face des juges. Si ce n'est lui, qui est-ce
donc ? » Hélas ! que de pauvres créatures souf-
frantes vivent dans la fournaise asphyxiante
de semblables idées !

Cela est tellement horrible qu'en face de certaines formes du mal, la conception dualiste du
monde, malgré ses sombres terreurs, me paraît
plus consolante, plus assimilable à nos esprits,
et surtout moins déconcertante que cette tentative impraticable de manœuvrer avec la cause
première comme avec une grandeur connue et

délimitée. On prie avec plus de conviction : *Délivre-nous du mal !* quand on ne s'engage pas dans ces impasses de l'esprit où l'on est contraint de considérer Dieu comme l'auteur responsable du mal.

Il y a des affirmations dont l'assemblage produit un mélange détonant. Elles ne peuvent être enfermées sous le même crâne, sans le faire éclater. L'homme ne peut supporter cette pensée que Dieu est à la fois dans l'innocent qu'on persécute et dans le juge inique qui le condamne. Si c'est Lui le grand semeur de bacilles et berger de microbes, comment pourras-tu l'invoquer contre la maladie et la mort ? J'aimerais mieux, pour ma part, dire : *C'est l'ennemi qui a fait cela.* Autrement c'est à en devenir fou.

— Que dirai-je donc dans mon affliction et que penserai-je pour calmer mon âme ?

L'AMI. — Dis-toi d'abord qu'il est arrivé un malheur, un grand malheur ! Car c'est un malheur

que de perdre un enfant aimé : vouloir le nier
serait un indigne sophisme. Et puis rappelle-
toi cette parole du psaume : « Le malheur peut
atteindre le juste, mais l'Eternel le sauve
toujours. » Il n'y a rien de plus ferme pour un
cœur meurtri. Invoque Dieu contre les désordres
de la nature et contre ses brutalités ! Invoque-le
contre la mort, contre toutes les forces de destruction et de découragement ! Crie : A moi
Éternel, voilà l'ennemi !

Ne dis pas : Dieu m'a pris mon enfant.
Dis plutôt : Mon enfant a succombé à une
terrible maladie. Mais ni la maladie, ni la
mort ne pourront nous arracher de la main
de Dieu, ni détruire notre place dans son
plan. Pense ensuite que Dieu veut te fortifier,
t'apaiser, te rendre en esprit ce que tu as perdu
dans le monde visible.

Ton malheur devra produire du fruit et contribuer au bien. De cette nuit, de la lumière et de
la force doivent surgir.

Ensuite pense très simplement et avec une certitude absolue : Le Père fait siennes les misères de ses enfants. Il souffre avec toi ; il est sous ton fardeau. Ainsi tu pourras pleurer ton fils et suivre cette ligne du cœur dont il est toujours néfaste de s'éloigner. Va, pauvre père, Celui qui est le Père, comprend. Ne te violente pas, reste un homme ! Ne crains pas d'offenser Dieu par ta douleur ! Ne fais pas cet horrible tour de force d'arriver à trouver doux ce qui est amer, heureux ce qui est malheureux ! Évite l'inhumain et le monstrueux ! Garde le bon sens avec la foi ! Il nous faut un Dieu faisant vivre, et non un être implacable, froidement cruel qui écrase sans broncher, tue sans sourciller. C'est *le Père*. On ne te le dira jamais assez, pauvre et douloureuse humanité, car, plus que tes malheurs, tes faux dieux t'exterminent.

PLACES VIDES

L'Ami. — Pour l'amour même de ceux qu'elle
t'a ravis, ne fais pas à la mort l'honneur de lui
assigner une trop grande place, ni surtout la
première dans ton cœur et à ton foyer. A cette
place-là, invite l'espérance à s'asseoir, avec la
tendresse humaine, avec la foi. Invites-y Dieu
et toutes les puissances amies! Et ceux que tu
pleures seront au milieu de vous.

SOUFFRANCE INERTE

L'Ami. — Il y a une manière de souffrir, inerte, qui aggrave la douleur et la corrompt, comme se corrompent les blessures mal tenues. S'en garder. S'habituer à la souffrance active qui est la souffrance transformée en ressort moral. Il n'est pas bon qu'une douleur devienne la force dominante dans l'existence. Paralysie et désordre, voilà ce qui en résulte. Peut-on livrer le gouvernement de la maison aux larmes d'enfant, même exemptes de caprice ? Ce serait la démoralisation et l'incohérence. La douleur indomptée, livrée à elle-même, exerce des ravages irréparables. Il faut la combattre comme un mal. Ce qui est sans frein ni loi, devient toujours un agent de désorganisation. Éclairons donc nos douleurs, et qu'elles rentrent dans le rang!

Le travail est un excellent contrepoids à la douleur. A lui seul, il ne suffit pas. Négliger, réprimer, étouffer son cœur en se plongeant dans une activité sans trêve, c'est se manquer à soi-même. La douleur a des droits à notre attention. S'en occuper, écouter ses leçons, mais trouver un élément qui lui tienne la balance et maintienne l'équilibre.

Quel réconfort je trouve dans le souvenir de ma vaillante mère, à la vie si traversée! Que serait-elle devenue, si elle avait fait ses deuils sur une chaise longue? Elle aurait péri de maladie noire. La douleur sans le travail engendre une légion de pensées malfaisantes. Elle nous livre aux craintes, aux pressentiments funestes, pires que tous les malheurs. Cassons, s'il faut en venir là, des pierres sur la route, mais ne nous laissons pas pourrir dans le souci!

Si les morts pouvaient nous parler, voilà quels conseils ils nous donneraient.

Honorons-les en travaillant! Pleurons-les debout, appliqués à quelque saint effort!

Pour ceux qui se perdent dans la haine ou les vanités, les morts sont morts deux fois. Tous les jours, le néant les emporte plus loin.

Mais vivre dans l'esprit fraternel, dans les choses d'en haut, c'est se rapprocher de tous, des vivants comme des morts.

Préparons l'éternel revoir, qu'à peine notre foi vacillante peut saisir, par une vie tendant comme par degrés à l'Union supérieure!

*

Dieu seul est la Vérité totale et la possède dans son incommensurable étendue. Pour nous, prions seulement d'être conduits de proche en proche vers une clarté plus complète et telle que nos yeux en ont besoin!

IL EST BON POUR VOUS...

C'est une mystérieuse et véridique parole
que celle où le Christ dit : « Il est bon pour
vous que je m'en aille. Si je ne m'en allais, le
Consolateur ne viendrait point. » Perdre selon
la chair, pour posséder vraiment selon l'esprit :
loi douloureuse vérifiée par mille faits.

C'est de son regret des chers disparus, de
sa pensée, dirigée vers ceux qui nous ont quit-
tés, que l'humanité a retiré le plus de certitudes
supérieures à cette vie sensible. A travers le
culte sacré du souvenir, un monde lui est apparu, d'une profondeur prodigieuse. L'homme
perdu dans le visible n'en soupçonne même pas
le seuil.

L'ENFANT ET LA MORT

L'Ami. — Ne craignons pas de parler de la mort à nos enfants, lorsqu'ils sont bien portants et que la question se pose pour ainsi dire d'elle-même, à l'occasion d'un deuil qui a intéressé leur attention. Mais habituons-les à y voir un retour dans le sein de Dieu, leur apprenant à connaître sa face libératrice plutôt que celle par où elle inspire aux hommes des sentiments d'esclave. C'est un bonheur que d'être, tout jeune, par l'amour clairvoyant des parents, habitué à ne pas considérer la mort comme une telle affaire. On lui a fait, sous sa forme de puissance destructive, une place absolument scandaleuse dans la pensée humaine, y compris la pensée religieuse, dénaturée et déviée de sa source lumineuse. Ce que nous avons de meilleur dans nos traditions saintes devrait nous armer contre la peur de mourir. Hélas! qui donc connaît le Dieu qui sauve de la mort? Nous en adorons un qui manie la mort, comme Jupiter la foudre. Elle est son arme principale. Trop souvent, les religions ont cultivé la peur de la mort, lui assignant une place de premier ordre dans nos motifs d'agir. La peur est une force de démoralisation, génératrice de sentiments vils. Nous l'inspirer, c'est nous empoisonner l'âme. Si vous nous aimez, enseignez-nous à combattre la crainte de la mort par la confiance en Dieu! Au lieu de nous réduire en esclaves, libérez-nous!

Jamais on ne sent mieux le mal horrible fait aux âmes terrorisées que dans les circonstances difficiles où nous placent de graves maladies ou de grands dangers.

DERNIERE HEURE

De ma dernière heure, il en sera comme Dieu voudra. Pourvu que la grâce me soit conservée, qui nous tient lieu de toute chose.

Et pourtant certaines morts sont belles et font envie. Pourquoi suis-je ému en lisant, parmi les « faits divers », le cas de ce pauvre camelot, *mort en criant son journal ?*

L'Ami. — C'est parce qu'il est mort à son poste, en faisant son œuvre. Il nous rappelle le coureur de Marathon, mourant en annonçant la victoire. Il rappelle cet héroïque ami, Herrmann Krüger, continuant à donner ses leçons d'hébreu, malgré le cancer qui lui dévorait la figure. Ceux-là meurent debout, et c'est bien ainsi qu'on aimerait mourir. Mais qu'importe !

N'ayant pas le choix, demandons seulement que la paix nous demeure, et acceptons le régime de grande misère, de faiblesse complète, avec l'esprit comme soutien ! Au surplus, ne perdons pas, à penser à la mort, le temps réclamé par la vie ! Les jours perdus sont un mauvais oreiller pour s'endormir.

J'aime à penser à ceux qui ont beaucoup et simplement souffert. Pauvre demoiselle J..., qui a souffert pendant vingt ans ! Quand ses amis allaient la voir, navrés, elle les réconfortait. Celle qui n'avait plus qu'un souffle remettait à leur aise les gens bien portants, troublés et déconcertés par ses longues souffrances. Ces exemples-là m'électrisent. Dans les faibles, l'Esprit est fort.

IMPRESSIONS DE PAQUES

Voici venir Pâques, fête du renouveau ! A ceux qui ont gardé un certain contact avec la tradition, serait-ce seulement par le souvenir pieux, une telle fête ramène des réflexions spéciales. Pour d'autres, à ce moment particulier de l'année, où dans nos climats s'annonce et s'accentue le réveil de la nature, des impressions analogues surgissent d'une source différente. A tous apparaît, sous une forme plus pressante, plus insinuante que d'habitude, la grave question dont dérivent toutes les autres, la question de la vie.

Moi aussi je me laisse aller à la sollicitation intérieure. Plus d'un lecteur ami, l'ayant comme moi ressentie, nous nous rencontrerons peut-être en esprit.

Qu'il soit touché par la grâce du printemps
ou le souffle d'éternité symbolisé par la fête de
Pâques, mon cœur est avant tout près de ceux
qui souffrent et pleurent, dont l'espérance va-
cille ou s'est éteinte. La vie, pour beaucoup,
est une grande ombre, une longue nuit. Ils y
marchent, sans savoir d'où ils viennent ni où
ils vont, frappés de coups dont ils ignorent le
sens, saignant de blessures dont la cause leur
échappe. Et tout ce qui les remet en face du
fait de l'existence, excite au fond de leur âme une
angoisse infinie. La vie, cauchemar que tout
matin renouvelle, redevient plus poignante avec
chaque printemps.

Que nous veulent ces bourgeons gonflés, ces
boutons que la sève fait éclater, ces fleurs perçant,
germant, s'ouvrant partout? Les chants se ré-
veillent dans les bois, l'air se peuple d'un murmure ailé, les nids se bâtissent, les couvées se
préparent. Tout cela, pourquoi? N'est-ce pas le
grand égarement qui recommence? A quel autre

but que la souffrance et la nuit aboutit ce colossal et vain effort d'être ? Qu'y a-t-il au fond
de cet inconcevable devenir ? L'abeille retour-
nant aux calices d'or, la fauvette glanant des brins
d'herbe pour tresser la demeure de ses petits,
amassent-elles autre chose que des preuves de
l'irrémédiable néant ?·

Oh, la vie ! La fleur et l'oiseau la possèdent
sans la connaître. Si le matin leur sourit, ils
ne prévoient point le soir. « Ils ne tissent ni
ne filent », c'est déjà quelque chose ; mais ils ne
pensent ni ne cherchent, ni ne doutent, ni ne
s'inquiètent du but. Et cela est leur paix,
inconnue de l'homme. A lui le triste privilège
des additions aboutissant à zéro, des bilans
établissant le déficit. A lui la faculté terrible de
sentir la destruction active jusque dans les
germes.

Il a trébuché sur les tombes d'enfants, sur le
gazon envahissant les sentiers jadis pleins de
vie, sur la pierre froide recouvrant les lutteurs

vaincus de la justice, de la tendresse, de la liberté. De la vie, il connaît surtout la grande peine de vivre.

A ceux que le printemps rend mélancoliques le message de Pâques est plus nécessaire encore qu'à d'autres. Il y a dans ce message de la joie; mais non de celle que puisent, en un rayon de soleil, les créatures épanouies dans le bien-être et la santé. Cette joie prend sa source au creuset des douleurs.

*
* *

Pâques, c'est l'oasis du désert, la rose issue du buisson d'épines. Pâques, c'est la vie triomphant de la mort.

La bête meurt et ne pense pas la mort. L'homme la pense, et arrive à la vivre, à force d'y entrer avec toutes ses facultés. Il la boit, la savoure, en épuise l'amertume, et finalement la consume. Car le Juste meurt, non plus contraint, mais le voulant. Par amour, il se donne, il se jette au gouffre et le comble. De sa mort, jaillit la lumière. Il est mort contre la mort. Conduisez-nous vers ce fait nouveau, nous qui pleurons sur le vieux désastre et la vieille fatalité !

Dans la douleur seulement, le sacrifice consenti et la mort transformée en action, apparaît la haute vie. Ailleurs sont les rudiments, ici la science profonde ; ailleurs les degrés lointains montant vers quelque sommet : ici est ce sommet.

∴

« Je suis le chemin, la vérité, la vie. » Cela équivaut à dire : je suis le chemin de la vraie vie. Souffrir, lutter, aimer, croire; prendre sur soi la croix, le fardeau, le porter en espérant; renoncer à soi, c'est-à-dire à la vie pour la vie, afin de s'offrir et de donner son fruit, voilà le secret viril et saint de la vraie vie.

Ici tout se transforme. A la place de la figure extérieure, transitoire, condamnée d'avance, irrémédiablement caduque et misérable, d'une existence qui nous apparaît comme un effort impuissant pour durer et demeurer, nous conquérons l'esprit qui fait vivre. Le vieux prophète déjà enfermait cette double expérience dans un seul cri : « Toute chair est comme du foin, et toute sa gloire comme la fleur de l'herbe ; mais la parole de Dieu demeure éternellement. »

.*.

Combien est long et aride le sentier de ces hauteurs ! Mais il n'est plus solitaire. Quiconque a fait autre chose que de se cramponner à l'existence, en attendant que malgré lui il en soit arraché, a laissé sur ce sentier le meilleur de lui-même, afin d'encourager les suivants. Pâques est le jour de tous sacrifiés, semés comme la graine aux sillons de l'avenir. Il y a plus ici qu'un mort sorti d'une tombe, il y a une chaîne immense de vie conquise sur le néant, parce que donnée par amour. Toute la terre et toute l'histoire humaine tressaillent de vie purifiée, filtrée à travers la couche épaisse de mort, où rien d'impur ne saurait passer.

Si la vie caduque et sans lendemain nous étreint, arrêtons-nous là. La montée commence sous nos pas. De chaque étape, de chaque impasse, un sentier possible mène vers l'issue favorable. L'esprit qui fait vivre forme avec toute situation, la plus désespérée même, une combinaison capable de la clore par un résultat positif.

De vieilles superstitions fort explicables ont transformé la « Vie éternelle » en un simple fruit de l'incorrigible routine d'être là, qui voudrait se prolonger jusque par delà les étoiles. Comme on entrait à cheval au sanctuaire, jadis, si l'on était grand seigneur, on entrerait avec armes, bagages et titres, au banquet céleste où subsisteront les hiérarchies et la satisfaction invétérée de se sentir premier. On pourrait dire alors : « la séance continue ». Ceux que la séance parfois écœure ont cessé de penser qu'elle gagnerait à durer toujours. Mais ce ne sont pas des incrédules : ils ont orienté leur expérience vers des horizons moins bas.

Non, l'âpre soif de rester là, inspiratrice de toutes les bassesses et de toutes les cruautés humaines, ne saurait nous guider vers cette vie plus haute, dont le sens transparaît à travers les meilleures clartés de celle-ci. Cette soif mène au désenchantement ; elle alourdit les ailes. Il nous faut apprendre à aimer la vie, non pour elle-même, et comme on aime un fruit savoureux, mais comme une étoffe à employer. La croix du Calvaire, le jardin des Oliviers disent que la vie est le prix d'une science consistant à savoir mourir.

Si tu n'apprends pas à épeler les principes de cette science, tu seras condamné à vouloir fixer l'heure qui s'enfuit, arrêter le torrent qui se précipite. Tu subiras, le long des jours, ce supplice de te sentir tomber, sans pouvoir jamais saisir au passage la branche de salut convoitée par ta main. Tu embrasseras des fumées qui s'évanouissent, et malgré ta sagesse, ta prévoyante prudence, tu te tromperas dans tous tes calculs. Par crainte même de les toucher, tu conduiras ta barque contre tous les écueils que tu veux fuir.

Lève ton regard vers un autre idéal ! Ne te ménage pas, ne te retiens pas ; choisis le beau risque plutôt que le chemin honteux indiqué par la peur de perdre les biens ou le corps !

Ramasse-toi et donne-toi de tout cœur ! Tu connaîtras la joie, la liberté, et cesseras d'être le trembleur hanté par tous les pressentiments sinistres, pour emboîter le pas derrière ceux qui ont allégé leur bagage, afin de se mettre à l'aise en marchant allègrement sous la consigne : « Ne crains rien, crois seulement ! »

A ceux-là appartient le monde et l'avenir.
Par l'esprit qui les anime, ils voient clair dans
la nuit, ils ont chaud en plein froid, ils sont
riches de ce qui ne peut ni s'acheter ni se
vendre. Les vaincus de la justice, pour eux,
sont les grands triomphateurs ; les morts qu'ils
aiment sont vivants.

Si l'on pouvait faire ses Pâques dans cet esprit ! Comme les morts ressusciteraient, comme
serait brisée la mâchoire de granit de ces tombes
où nous retiennent l'inertie, la routine, le mensonge, l'amour de tout ce qui nous extermine,
et ces vieilles formules elles-mêmes que les
lèvres redisent, mais dont la flamme s'est
éteinte au foyer des âmes ! Comme nos yeux
fermés et aveugles s'ouvriraient pour voir ce
qui donne la paix !

L'homme déclare la vie périssable, parce qu'il
la saisit dans ce qu'elle a de vain. S'il connaissait le prix de l'heure qui fuit, la grandeur de
l'œuvre à faire, le diamant caché sous toute

gangue humaine, l'usage à tirer de ce qu'il a reçu, il ferait jaillir l'étincelle divine des pierres du chemin !

Antiques souvenirs d'une foi toujours à renouveler, vieux et fragiles symboles d'un mystère consolateur, paroles d'espérance et de vie, secouez les suaires dont le .emps vous enveloppe, surgissez de la cendre où vous couvez ! Notre misère a besoin de votre splendeur matinale. Vous nous rappelez ce qui jamais ne meurt. Soutenez-nous dans la marche vers le but lointain et sublime !

Et vous aussi, petites fleurs que chaque printemps fait éclore, soyez comme les messagères d'une nouvelle réconfortante ! Dites aux lutteurs abattus que l'issue sera bonne, que jamais ce ne sera fini d'aimer ! Soyez dans l'ombre, près de nous, les témoins des étoiles éternelles ! Portez dans les demeures et jusque dans les cœurs enténébrés, ce reflet de ciel bleu captif dans vos corolles !

JE VOUS DONNE MA PAIX !

Père, je me confie en Toi. Reste avec moi !
Je ne te demande pas de lever le voile. Pourvu
que je te sente là, toujours ; pour vivre, et
mourir, que me faut-il d'autre ? Quand je serai
bien las, prends-moi dans tes bras et referme-
les sur moi ! Donne la paix à ceux que j'aime !
Accorde-nous le tranquille courage de marcher
et de lutter !

V

PRÈS DES JEUNES

JEUNES ET VIEUX

L'Ami. — Pourquoi ce regard de compassion attristée, sur cette jeune et joyeuse compagnie ?

— Il me semble voir s'agiter de pauvres fous.

L'Ami. — Explique-toi !

— Le monde est plein de misère et de calamités. Ici, on meurt de faim. Là, l'héroïsme et la liberté succombent sous le nombre. Ailleurs, on massacre, ou bien le sol vomit des flammes sur ses habitants. Les mauvaises passions sont déchaînées entre semblables, l'avenir est sombre. Ces jeunes gens qu'ont-ils à espérer ? Les fils deviendront de la chair à canon, les filles

de pauvres épouses maltraitées; des mères éle-
vant péniblement leurs enfants, avant l'âge
fanées par les soucis et la douleur.

Où sont ceux qui dansaient et riaient ainsi,
il y a vingt ans? L'engrenage de la vie les a
saisis, la joyeuse folie est envolée.

Par delà le mur du cimetière prochain,
je vois des croix sur des tombes trop tôt
ouvertes. Danseurs d'autrefois, de combien
d'entre vous contiennent-elles les os? Tout cela
me rend triste à mourir. Tu ne sais pas ce que
je souffre en les voyant là, insouciants, les yeux
allumés, allant à la vie, pleins d'une confiance
réservée aux pires désillusions.

L'Ami. — Je comprends. Ta douleur est vraie,
j'en prends ma part; mais après? Qu'allons-nous
leur proposer? De prendre le deuil en prévision
des calamités futures? De se coucher pour attendre les balles des ennemis, l'éclosion des maladies
dont le germe peut-être en secret les travaille?
Pourrions-nous du moins dire à chacun de ces

jouvenceaux à quel sujet il doit consacrer ses
larmes d'avenir ? A une mort prématurée ; à
une vieillesse traînante, infirme, asseulée ? Et
s'ils se chargeaient le cœur du pressentiment
des malheurs réunis ? Si, d'avance, ils expiraient
en esprit, victimes de toutes les épidémies,
proies des microbes les plus contradictoires ;
s'ils se voyaient dans leur carrière de demain,
trahis, persécutés, lentement détruits par les
peines de cœur ? Y verrais-tu pour eux quelque
profit ? Les aurions-nous conviés à des tristesses
fécondes ?

— Je sens la portée des remontrances, mais
une douleur invincible m'étreint devant tant de
joie insouciante, guettée par tant de pièges.

L'Ami. — Il y a des douleurs ennemies ; je
crains que la tienne n'en soit. Elle ne peut
faire que du mal à toi-même et aux autres.
Aucun des malheurs lointains et imprévus qui
te hantent, elle ne l'empêchera. Mais elle est
puissante pour détruire la paix du moment pré-

sent. Se réjouir est bon. Ta tristesse est un témoignage de méfiance envers Dieu lui-même.

La fauvette qui réchauffe ses œufs, nourrit ses petits, chante ses amours sur la branche frêle, malgré les dangers présents, les orages et les hivers futurs, est, plus que toi, dans le vrai.

Le cimetière est près d'ici ; nous le savons. Tôt ou tard, dans le monde visible, tout doit finir là. Mais est-ce donc une si terrible éventualité que de dormir un jour sous la garde de Dieu ? Je ne veux même pas parler des immensités lumineuses sur lesquelles s'ouvre ce trou noir qu'est la tombe. Les morts ne sont pas de ton avis. Ils sont doux au malheur ; cléments et indulgents à la jeunesse rieuse. Les troncs brisés étendus sous la mousse font partie de la forêt, et ceux qu dorment sont de cœur avec nous. Quand des voix claires et vibrantes célèbrent la vie, l'entrain, la joie, les morts chantent la basse, et c'est l'harmonie. N'aimes-tu pas les fleurs ?

— Elles font mes délices ; je leur attribue une âme. Elles disent avec une grâce naïve des choses grandes et inconnues. Ce sont les petites sœurs des étoiles et, comme leurs aînées, sur nos chemins sombres sèment des rayons divins.

L'Ami. — Mais où donc sont-elles plus adorables que sur les souches mousseuses des vieux chênes ou sur les murs croulants ? Connais-tu quelque chose de plus souriant que ce contraste : Sur la ruine vénérable, des essaims voltigeants de campanules et d'œillets sauvages ? Laisse là ta mélancolie ! Elle t'inspire des pensées d'une qualité médiocre. Si ton cœur est semblable aux ruines écroulées, n'empêche pas le printemps d'y faire éclore ses fleurs ! Sois d'accord ! Fais mieux, si tu en es capable ! Convertis-toi à la joie ! Le fou, ici, c'est ton humeur noire. Bien moins fou serais-tu d'aller parmi ces enfants. C'est quelque chose qu'un ancien, aimant assez les jeunes pour redevenir enfant avec eux. Si ta gravité te laisse du loisir, il n'existe pas de meilleur moyen de les employer. Sous tes cheveux gris, avec les traces par la douleur imprimées à ton front, sourire à la jeunesse, se réjouir pour elle d'une heure de joie, voilà ce que j'appelle connaître son métier d'ancien. La vie est obscure, tu en portes les preuves. Raison de plus ; mettons de la lumière en son matin !

Aime-les bien, tous ces jeunes, et tant que tu le pourras, sois encourageant, réconfortant, rayonnant de la lumière intérieure !

La jeunesse a en elle une veine d'espérance que Dieu lui-même renouvelle à chaque génération. Prends garde de faire passer sur sa fleur gracieuse et fragile le souffle mauvais d'une sagesse déçue ! Rallume plutôt ta flamme à leur flamme ! Si tu sais sourire avec eux, ils sauront être sérieux avec toi, lorsque l'heure viendra de mettre, dans leur vin fougueux, un peu d'eau fraîche puisée à la source de ton expérience.

VIEILLIR

— N'est-il pas triste de vieillir ?

L'Ami. — Dis plutôt que c'est un art difficile et que peu de gens ont appris. Mais où sont ceux qui connaissent leur métier ? Les jeunes savent-ils être jeunes ? Les riches savent-ils être riches ? Savoir jouir de la santé est presque aussi rare que de savoir être malade. Chacun se mêle de faire le travail des autres et de leur donner des conseils.

Vieillir, c'est triste. Oui, si tu veux empêcher les années de s'écouler, les cheveux de blanchir, les yeux de se ternir, les rides de se creuser. Mais si de toutes ces manipulations auxquelles te soumet la vie, tu retires un peu de sagesse, de profit, de bonté, vieillir c'est se libérer, se grandir et se clarifier. Une des plus belles choses en ce monde, c'est un ancien que l'expérience a rendu meilleur, plus indulgent, plus clément, un ancien qui aime l'humanité malgré ses misères et adore la jeunesse, tout en se gardant bien de vouloir concourir avec elle.

Celui-là est comparable à ces vieux Stradivarius dont le son est devenu si doux que le prix s'en est centuplé. Il semble qu'ils ont une âme.

PÈRES INQUIETS

— La jeunesse est trop hardie. Rien n'échappe à son esprit révolutionnaire. Mes grands fils disent à table des choses énormes. Ils tiennent couramment des propos subversifs qui font leur joie et me navrent. Que pourrai-je tenter pour les en empêcher ?

L'Ami. — Ces jeunes Seigneurs se trouvent dans le tempérament de leur âge. Toi, reste dans le tien ! Ils sont fougueux, sois sage et pondéré ! Pourquoi veux-tu les empêcher de parler ? Parce qu'ils disent de grosses bêtises, dangereuses pour la sécurité des familles et l'ordre établi ? Et d'abord, es-tu bien sûr que leurs idées soient toutes mauvaises ? La vérité aussi est choquante, et tu sais qu'elle est souvent sur les lèvres des enfants. Mais ne diraient-ils que des bêtises, celles qu'on dit sont infiniment moins dangereuses que celles qu'on pense et cache. Les empêcher de parler ? Veux-tu les faire mourir de confidence rentrée ?

Garde-toi bien de réprimer leur exubérance ! Qu'elle se donne, sous tes yeux, libre carrière. S'il éclate un pétard, ne pousse pas des cris d'orfraie ! Écoute et retiens ! Que ta sagesse se prépare à servir leur inexpérience, lorsque les feux d'artifice tirés, il viendra des heures de calme raison ! N'essaie pas de les réfuter séance tenante, quand l'ardeur les emporte et que le bruit de leurs paroles les grise ! Tu serais emporté comme un fétu dans le torrent. Prends patience ; tu passeras le torrent à gué, si tu sais observer l'instant propice. Il y a dans chaque jeune compagnon deux hommes. *Un frondeur* souvent d'apparence irrespectueuse, trouvant son plaisir à mettre en question ce qui est convenu, à contester l'autorité reconnue. *Un disciple* plein de déférence qui ne demande pas mieux que de suivre un maître. Le frondeur est gênant pour notre tranquillité; mais il est nécessaire. Sa fonction consiste à empêcher les jeunes de devenir la chose des vieux. Le frondeur casse parfois les vitres; mais ses méfaits profitent à la ventilation. Laissons le frondeur accomplir sa fonction! Observons-le dans son répertoire, prêts à faire droit à ce qu'il apporte de juste ! C'est la meilleure façon de lutter contre ce qui est faux et insalubre. Que ce frondeur ait pleine liberté de déballer son arsenal, de l'exposer au grand jour, à la bonne lumière où tout prend sa forme vraie et sa place équitable ! Ainsi nous lui garderons sa confiance en nous, qu'il perdrait, rebuté, tyrannisé par notre autorité. Et notre façon cordiale de traiter le frondeur maintiendra toute sa bonne volonté au disciple, allié précieux dans la place, mais camarade fidèle du frondeur et toujours prêt à partager son exil et sa disgrâce.

LES MAMANS

— Nos grandes filles discutent avec nous à perte de vue. Les choses ne se passaient pas ainsi de notre temps. Nous respections nos parents.

Par quels moyens éviter ces pénibles rencontres d'opinions, ces échanges de paroles trop vives, regrettées ensuite ? La paix familiale en est troublée, les bons rapports altérés.

L'Ami. — Pour discuter, il faut être deux, au minimum. Une discussion commence lorsque la fille répond à la mère et formule un avis différent. La mère s'efforce de ramener la fille sur son terrain ; la fille défend ses positions... Dès lors il n'y aura pas de raison que cela finisse.

— On ne peut cependant pas laisser le dernier mot à une enfant inexpérimentée.

L'Ami. — Avoir le dernier mot est effectivement le désir passionné de la jeunesse. C'est de l'enfantillage. Il est mauvais d'y tenir. Donnons l'exemple ! Laissons-leur le dernier mot ! Mais que ce dernier mot soit au début de la discussion. Établissons nettement notre idée, qu'il n'y ait point de malentendu ! Cela fait : restons tranquilles ! Les paroles inutiles font toujours du mal.

— Alors les enfants triomphent.

L'Ami. — Non ; si nous restons fermes. Deux mots nets, appuyés par un esprit calme et une résolution sûre, valent mieux qu'un flot de paroles vives, précipitées, dont le sens premier, s'il fut équitable, s'altère et se ternit bientôt par la vivacité.

Vous parliez d'autrefois, de vos mères. Autrefois les parents étaient plus calmes et, par cela même, leur ascendant plus positif. Une résistance de la part des enfants pouvait les faire souffrir ; mais ils gardaient le sang-froid

et ne descendaient pas sur le terrain des oppo-
sants. Leur méthode était préférable.

Il faut laisser les enfants manifester leurs
idées, les écouter, méditer leurs objections, en
tirer ce qui est juste ; mais non se mesurer
avec eux en paroles : ils seraient les plus forts,
étant les moins raisonnables.

La discussion cultive *l'obstination*. Discuter.
c'est s'exposer à prononcer des paroles où se
lie notre faux amour-propre. Mieux vaut réfléchir
sans parler : les pensées ont plus de chance de se
rencontrer.

UN PROPHÈTE NOUVEAU

La joie vraie est une grande libératrice, un filtre merveilleux où toute souillure s'élimine. Mais son secret nous est voilé, autant que les énigmes de l'univers. Et nos cœurs sont pareils aux harpes muettes.

Il nous faudrait un Prophète de la vraie Joie. Je me le représente vieux, avec les balafres de la vie sur la figure, ayant passé par de rudes combats, et laissé un peu partout des lambeaux de son cœur aux épines de la route. Sa joie ne serait pas celle du matin de l'existence, pure et brillante, pour n'avoir pas connu encore les atteintes des orages. Ce serait une sérénité intérieure éprouvée au creuset, quelque chose comme l'or des beaux soirs, après la chaleur du jour. Son sourire ne pourrait pas être interprété

comme celui des satisfaits, remercîment à la
chance libérale qui leur a jeté en passant l'obole
du privilège. Ce serait un signe de victoire de
l'Esprit sur tous les pouvoirs oppresseurs. Un
tel homme serait réconfortant, encourageant,
bienfaisant pour tous. Il ranimerait dans chacun
le pauvre lumignon de joie qui fume encore.
De la plus tourmentée des destinées, de celles
qui nous apparaissent comme des rébus impos-
sibles, il ferait sortir un sens lumineux. Il
enseignerait à la jeunesse la joie virile, la joie
des vaillants et braves cœurs, dégagés des
peurs viles et des basses jouissances. Il leur
donnerait son élan, son nerf, son indomptable
énergie et sa douce foi d'enfant. Et nous
entendrions sous ses doigts l'âme humaine
vibrer de cordes inconnues, de cordes d'or et
de cristal, où chante l'amour sans fond et l'espérance sans limites.

VI

CEINS TES REINS!

L'homme est très petit et très grand.
Il est grand du côté de Dieu et de sa
destinée, par où il s'ignore et se mé-
prise. Il est petit du côté de lui-même,
dans son rôle factice et sa gloire
empruntée. Et c'est là qu'il se gobe.
Tel ce fou qui avait élu domicile dans
le chenil de son propre château.

LA ROUILLE

L'Ami. — Le fer se couvre de rouille, et les meubles de poussière. Quiconque a un outil, un instrument de précision, un objet d'art à garder, doit craindre cette lente invasion des oxydes et des poussières.

L'esprit a les siennes, comme le corps. Tout homme est guetté par la rouille.

Les membres ont l'ankylose; l'intelligence, la routine; la volonté, l'imperceptible amollissement.

Personne n'est à l'abri, s'il ne veille. Sans cesse il faut s'exercer, astiquer, se dégourdir

Jamais on ne peut se flatter d'être brossé pour plus d'un jour. Le lendemain, c'est à recommencer.

Tant pis, si le laisser-aller a pour toi du charme ! Il est le prodrome de toutes les décadences. Je serais ton ennemi, si je ne sonnais le clairon d'alarme à travers ton esprit assoupi.

Regarde les hommes qui se négligent, les peuples qui dorment sur leurs lauriers, les Églises qui dorment sur leurs doctrines.

Leur sentence de mort est écrite, par le doigt du destin, sur la poussière dont se couvre leur tête.

L'avenir est aux vaillants qui ne souffrent point de nuage au métal de leurs armes.

Debout, mon fils, ne te relâche point. Toute main qui nous secoue est une main amie. Guerre à l'indolence ! guerre à la rouille !

BONNE HUMEUR

L'Ami. — La mauvaise humeur où nous plongent les choses est une preuve de la victoire qu'elles ont remportée sur nous. Elles nous font porter la livrée grise des vaincus et des forçats.

Garde ta bonne humeur! C'est un signe de défaite pour tous les ennemis de l'âme; un honneur rendu à Dieu, du sein des obscurités; un acte de foi parmi les plus hauts et les plus purs.

CHAINES

— Oh ! ces chaînes !

L'Ami. — Plonge-les au feu, au feu vivace de l'amour ! Forge-les, d'un marteau vaillant, sur l'enclume de la patience ! Et tes chaînes deviendront des armes. Ce qui fut une entrave se convertira en force.

HEURES MOLLES

L'Ami. — C'est par l'effet de la même faiblesse
que nous sommes sans défense devant la douleur, et sans résistance devant le plaisir. Hier,
la tristesse te noyait; aujourd'hui, l'ivresse des
sens t'emporte... A la surface tout est changé.
Tu n'es plus le même. Et pourtant, tu as seulement changé de maître. Sous ta livrée nouvelle
bat ton vieux cœur d'esclave.

SOIS PRÊT !

L'AMI. — Sois prêt ! L'imprévu nous guette ; attends-le sous les armes ! Et lorsque l'heure t'appelle, réponds-lui : Me voici ! L'essentiel n'est pas d'être heureux ou malheureux, bien portant ou malade, mais de rester disponible. Il ne faut pas que l'occasion frappe à ta porte et trouve visage de bois. Nous sommes, à travers les phases changeantes de la vie, les exécuteurs d'une volonté qui nous dépasse et par là même nous soutient. Mettons-nous de bon cœur à son service comme des instruments dociles ! Maintiens sèche ta poudre, et ton épée fourbie !

LE BEAU RISQUE

L'Ami. — La peur empêche l'homme de connaître le bonheur, car c'est dans les entreprises qu'elle déconseille que se rencontrent les grandes et fortes émotions dont vibrent les cœurs généreux. Se mouvoir calme au milieu des circonstances redoutables, préoccupé par le seul souci de marcher vers le but, quelle belle vie libre et purifiée ! De combien d'humiliantes misères s'affranchit la volonté qui sait virilement accepter le beau risque !

LA PEUR

S'il m'était donné de formuler un vœu, je demanderais que la peur me soit ôtée et que la paix règne dans mon cœur.

L'Ami. — Tu ne saurais rien souhaiter de meilleur et de plus rare.

La fausse sécurité, celle qui dort sur les deux oreilles, en s'imaginant posséder des « valeurs de tout repos », est assez ordinaire. La majorité des hommes se reposent sur ce qui n'a que l'apparence de la solidité. Mais ils ne connaissent pas la paix résultant, pour le cœur, de la certitude qu'on peut se fier à la divine volonté qui besogne au fond des choses, et lui accorder un crédit sans limites. De cette méfiance sur le point essentiel naît le grand mal de la peur. La peur est la reine des maux. On a nommé la mort le roi des *épouvantements !* Mais sans l'épouvante, que serait le roi ? Tout son prestige vient de la peur. C'est d'elle aussi que tiennent leur puissance la tyrannie humaine, les malheurs, les calamités, tout le mal qui nous menace.

La menace vit d'emprunts audacieux ; la peur est son bailleur de fonds ; mais que le prêteur ferme sa caisse, et la menace n'est plus qu'une lettre de change refusée.

La plupart des hommes sont esclaves de la peur. S'ils s'en rendaient compte, la liberté pourrait être par eux conquise. Ils sont malheureusement si rongés par le mal, qu'ils ne le sentent même plus.

J'ai parfois essayé de faire un parallèle entre les peurs du sauvage et celles du civilisé. Une telle comparaison peut jeter de la lumière sur ce que nous appelons : LE PROGRÈS. Un sauvage a quelques peurs rudimentaires. Des fauves redoutables lui disputent l'usufruit de la forêt : il peut craindre leur visite. D'autres sauvages convoitent son gibier, ses armes, sa femme, la peau d'ours qui le garantit du froid. L'orage, la foudre, l'inondation, le froid peuvent être par lui justement redoutés. Mais somme toute, semblable en cela aux oiseaux, le sauvage, toujours sur ses gardes, l'oreille tendue, l'œil ouvert, n'en connaît pas moins, comme l'oiseau lui-même, le calme et la tranquillité d'esprit. Ses craintes sont de nature simple, de nombre réduit.

Le civilisé, lui, armé de moyens extraordinaires de se garantir, se protéger, se mettre à l'abri, devrait avoir l'esprit plus en repos que le sauvage. Tant de lois veillent sur lui, tant d'institutions appuient son droit. A comparer son sort à celui du sauvage, il jouit de privilèges exceptionnels. A sa place, le sauvage serait entièrement rassuré. Et cependant le civilisé a des peurs plus nombreuses, plus raffinées que son ancêtre des bois.

S'il est riche, que n'a-t-il à redouter ? Il a beau enfermer ses titres : la rente baisse au coffre-fort, sans que personne y ait touché. Aujourd'hui vous y enfermez une fortune. Demain, parce que des spéculateurs auront conspiré à l'autre bout de la terre, vous en retirerez du papier sans valeur. Conservateur, le civilisé est livré aux plus effrayants cauchemars. Il tremble pour l'état social présent, le voyant battu en brèche de toutes parts. En quel recoin tranquille peut-il se tapir ? Partout les novateurs ont pénétré. Au-dessus des toits fragiles établis par les institutions des hommes, et dont les abris troués recouvrent des murs pleins de brèches et de lézardes, il redoute l'écroulement de l'édifice vénérable des croyances. Cette crainte, si ridicule aux yeux de nos ancêtres gaulois, la crainte que le ciel ne s'écroule, il l'éprouve et la savoure. Il voit dans l'avenir le ciel s'effondrer, les astres pâlir et choir dans l'abîme, pêle-mêle avec les divinités mortes. — Le civilisé découvre les dangers de si loin, qu'il se rend malheureux pour des accidents à survenir après son décès, sinon après la disparition du genre humain. L'angoisse de voir le soleil se refroidir, la terre perdre sa fécondité, les mines de charbon tarir en ses entrailles, il en connaît la torture. Il a tant appris de choses, que sa science le traque et le suit comme une meute en forêt suit le gibier. Dans chaque goutte d'eau, le guettent des myriades de microbes, il les respire, les mange, les boit, les nourrit de son sang. Sans doute, il leur oppose l'antisepsie, mais il sait bien que ce n'est jamais qu'une précaution imparfaite. On ne saurait fermer les portes à un ennemi pour qui la plus petite fissure est une route nationale, et le moindre coin invisible un vaste continent.

Le civilisé cultive-t-il les lettres ? Pendant ses études, il craint les examens; après, il tremble devant ses supérieurs. Qui mettra dans une balance les terreurs d'un fonctionnaire subalterne, ses craintes de déplaire à celui-ci, à celui-là, qu'on ne peut satisfaire tous deux cependant, leurs exigences étant contraires ! La civilisation, prise par un certain côté, est la culture de l'inquiétude, de l'agitation. Il n'y a plus ni repos ni répit pour personne. Partout où elle règne en maîtresse, il n'y a plus ni jour ni nuit. Elle obscurcit le jour par sa fumée, ses bâtisses et ses poussières. Elle profane la nuit par ses engins d'éclairage, et de tout cela résulte une mentalité noctambule, affolée, impatiente, trépidante, qu'excite de son mieux et qu'exaspère encore l'usage des liqueurs fortes, des lectures capiteuses, l'incessant chauffage des passions par les exploiteurs et les meneurs de l'opinion. Quant à ceux-ci, ils connaissent leur public et savent que si la peur le ronge, il ne saurait pourtant s'en passer. Comme les enfants, le soir, demandent avec insistance aux nourrices de leur raconter des histoires de revenants, qui les empêcheront ensuite de dormir, nous demandons à notre journal de nous faire peur. Sous une forme ou une autre, c'est par la peur que chaque parti croit avancer ses affaires. Aussi les citoyens ont peur les uns des autres et s'attribuent mutuellement les plus noirs desseins. Dans l'obscurité favorable aux folles imaginations, chacun apparaît à l'autre comme un monstre. Notre politique est celle de la peur ; notre morale n'a pas de plus puissant ressort. La peur est aussi la clef de voûte de la religion. Agiter des spectres diversement habillés, voilà la méthode de la plupart de ceux qui parlent au peuple pour l'endoctriner, le convaincre, l'améliorer. Aussi nos progrès en *terreur* sont-ils incessants. Nous sommes montés si haut dans l'art de faire et d'avoir peur, que le moment est venu d'aspirer à descendre.

Comment se convertir de la peur ?

Copierons-nous le sauvage ? On perd son temps à regretter ce qui ne saurait nous être rendu. N'avons-nous pas d'autres moyens de retrouver la paix du cœur ? Connaître son mal est déjà une chance d'en être un jour délivré. Entraînons-nous à la confiance, au calme. La peur se trompe et nous trompe. Avoir peur, c'est avoir tort. Notre sagesse, faite de craintes sans nombre, mériterait plutôt le nom de folie, étant basée sur la croyance à un univers livré au hasard et à l'anarchie. Le sage, c'est celui qui parmi toutes les voix frappant son oreille, parvient de plus en plus à distinguer celles qui lui disent : *Ne crains rien;* car la vérité doit être rassurante. La fleur qui pousse en paix, l'oiseau qui dit son chant, l'étoile qui suit sa course, l'homme qui suit sa conscience, sont d'accord avec la source des êtres et se reposent en elle. La paix les enveloppe, et d'eux se communique à qui sait les comprendre.

Fuir ce qui augmente la peur, rechercher ce qui fait naître et cultive la haute confiance, voilà la règle à suivre, pour quiconque est las de trembler.

CONTRARIÉTÉS

L'Ami. — Ne te plains pas des contrariétés, des difficultés! Les choses déplaisantes font notre éducation.

Une vie régulière et facile serait la meilleure condition de progrès, si l'homme n'avait pas besoin d'être excité pour travailler. Mais les natures qui peuvent se passer d'aiguillon sont rares. Existent-elles ?

Presque toujours, ce qui nous pousse en avant, a sa source à l'extérieur. Le ressort intérieur, sans doute, est la chose essentielle. Mais fonctionnerait-il, sans être préalablement tendu, comprimé ? Les actions les plus énergiques sont souvent des réactions, et nous devons une grande partie de nos conquêtes aux nécessités qui nous font violence.

Plus d'un, faisant un retour sur lui-même, s'est aperçu de ceci : Combien de temps précieux et calme n'avais-je pas à tel moment de ma vie, et quel emploi médiocre en ai-je tiré ?

On travaille, non parce qu'on a le temps de travailler, mais parce que la vie vous y contraint. Un homme doué, quand il est sollicité, fournit plus dans ses heures de loisir, qu'un homme engourdi de repos, dans sa journée entière. L'activité, une fois stimulée, a une tendance à augmenter. Une entreprise soutient et provoque l'autre. Mais si l'existence entière est seulement loisir, on ne trouve plus le temps de rien faire. Il est bon de lutter, de souffrir, d'être jeté à l'eau avec obligation de se débrouiller. Ce que vous perdez en confort, vous le gagnez en énergie. Or, de toutes les armes de l'homme, la plus précieuse est l'énergie.

SERVITUDES

— Je veux bien combattre, mais pourquoi ces entraves? Je veux bien gravir le sentier ardu, mais que ce fardeau me soit ôté !

L'AMI. — Tu ne serais pas un homme, si tu n'éprouvais ce désir. Mais resterais-tu semblable aux autres, si ce désir s'accomplissait? Les servitudes, grandes ou petites, ont dans l'existence un caractère accidentel. Mais l'accident, par sa régularité, se rapproche de l'essentiel. Qui donc est exempt de servitudes? Lorsque les grandes difficultés s'éloignent, les petites misères apparaissent. Nous passons le temps à changer de servitudes. Demande son secret à chacune d'elles ! Ne les retiens pas inutilement, mais profite de leur passage ! Si elles deviennent chroniques, apprivoise-les ; qu'elles se rendent utiles dans la maison ! Selon leurs aptitudes, fais-leur cultiver ton âme ou cirer tes souliers !

Il faut des servitudes, afin de s'initier à la vie, et surtout pour comprendre les embarras des autres. Tout joug est une révélation à celui qui le porte en conscience. Chaque misère, de quelque nom distingué ou vulgaire qu'elle se nomme, est une messagère capable de nous expliquer ceux de nos frères qui en sont atteints. Elle nous offre la clef d'un mystère. Profite de la clef ; ouvre la porte fermée ! Ce que tu apprendras sera le prix de ce que tu auras souffert. Ne te plains pas d'être astreint à des soins vulgaires, indignes d'un homme d'esprit ; ne te plains pas des irritants détails, des heures perdues à entendre bavarder des fâcheux ! A supposer qu'on te force tous les matins à balayer une rue, balaye de bon cœur et fraternise avec ceux qui balayent comme toi ! Ce sera là ta prière du matin, ton élévation en fraternité. — Arrive l'occasion ensuite de parler à tes semblables ou de prendre la plume, ta pensée aura ce goût authentique conféré par l'expérience directe, et que rien ne remplace. C'est au *balai* que tu le devras.

MÉCONTENT

Je suis mécontent, archimécontent.

L'Ami. — Sais-tu pourquoi ? Dans ce cas, il n'y a que demi-mal. Car il y a des nuances dans le mauvais. Le pire mécontentement est celui qui ignore sa cause.

— Je n'en suis pas là. Je sais fort bien pourquoi je suis mécontent, et tu vas voir qu'il y a de quoi :

J'ai averti, on ne m'a pas écouté, signalé les dangers, on s'y est précipité. J'ai donné aux jeunes des conseils excellents, qui les eussent gardés des pièges. Mes conseils ont été mé-prisés.

Et maintenant, tout ce que je craignais est arrivé. Oh ! la triste chose de prêcher aux sourds, de montrer l'évidence aux aveugles !

Quand je pense que tout ce qu'ils se sont attiré dans leur folie eût pu être évité, je suis indigné.

Et les suites, pour qui donc sont-elles ? Pour moi.

Autant ils méprisaient mes avertissements, autant, à cette heure, ils comptent sur moi.

Ils se sont jetés à l'eau avec préméditation et presque en me narguant, alors que je leur criais : casse-cou ! Maintenant ils se noient et m'appellent au secours. Et je devrais me jeter à l'eau pour cette espèce-là ?

L'Ami. — Tes raisons d'être mécontent sont bonnes. Je le reconnais. Mais peut-être as-tu tort quand même.

— Cela me paraît difficile à soutenir.

L'Ami. — Cependant c'est simple. On peut avoir d'excellentes raisons de faire une chose, et des raisons encore meilleures de ne la point faire.

Ton mécontentement est légitime, il ne saurait l'être plus. Ce qui t'arrive est tout bonnement révoltant; mais ici, comme en toute autre circonstance, la règle à suivre est celle-ci : faire ce qu'il y a de mieux.

Dans le cas présent, ta juste indignation, est-elle ce que tu peux fournir de plus utile. Et peut-il en sortir du bien et le plus grand bien dont tu sois capable ?.

— Voilà une question que je ne me suis pas posée. On a, je pense, le droit de s'indigner; cela soulage.

— Certainement, et tu uses de ce droit en pleine liberté. Personne ne peut te le disputer. Mais, y renoncer serait peut-être plus digne de toi, que de t'en servir. Et d'abord, cela te rend-il très heureux d'être mécontent ? Trouves-tu à cet état d'âme des charmes qui méritent qu'on se livre à leur attrait ?

— En aucune façon. Quand je suis mécontent, je suis malheureux. Il me semble que tout est sorti de l'harmonie : chaque objet fait une figure déplaisante. Le monde grimace autour de moi,

Je suis, en outre, dégoûté de tout et voudrais
ne plus jamais rien entreprendre.

L'Ami. — Un pareil état d'esprit est abominable. Pourquoi se l'infliger ?

— C'est plus fort que moi.

L'Ami. — Je m'en aperçois. Mais pour irrésistibles que soient ces mouvements intérieurs qui
s'emparent de notre personne, ne peut-on, du
moins, les haïr, en raison du mal qu'ils nous
font ? Et si d'aventure ils nous surprennent,
pourquoi nous y complaire ?

— Voudrais-tu par hasard que je sois content ?

L'Ami. — Comment le serais-tu, sans mentir ? Avant tout, soyons francs ! Mais je veux
seulement te préserver du danger de submersion.
Un flot noir monte autour de ton esprit.
L'assaut est organisé contre ta bonne volonté.
A l'abri d'une juste indignation, l'ennemi pénètre dans la place. Prends garde à toi ! Fais
serrer les rangs à toutes les puissances amies !

Élève ton regard vers les hauteurs ! Pense à tout ce qui peut te réconforter ! Cherche les contacts amis ! Sors-toi de cette atmosphère où l'asphyxie te guette !

Et s'il s'est fait du mal que tu avais prévu, si des fautes ont été commises, graves, et par des gens dûment avertis, essaie de réparer le dommage, même celui qui arrive par mépris de tes conseils ! Ne va pas répétant ces paroles d'une sagesse mesquine : « *Je vous l'avais bien dit !* » Renonce à ces médiocrités ! Si le dégât est réparable, répare ! S'il est irréparable, regrette-le sans amertume ! Passe ton chemin et sois un homme, ne perds pas le temps à maugréer ! S'ils ont organisé le désordre et le gâchis, fais en silence une œuvre d'avenir ! Plante un arbre, sème une graine ! Cela vaut mieux que le plus magistral mécontentement.

Surtout que Dieu te préserve de devenir un mécontent de profession ! Ces gens-là sont des pestes.

Et s'il te faut être mécontent de temps en
temps, afin de ne pas laisser inactive cette corde
de ton âme : sois mécontent de toi-même ! Cela,
du moins, peut avoir un bon côté, à condition
qu'on n'en fasse pas son pain quotidien.

RÉSIGNATION

— Que faut-il penser de la résignation ?

L'Ami. — Expliquons-nous ! Si, par ce mot, tu devais entendre la disposition passive, décidée à tout supporter, je te mettrais en garde contre ce vice. Être d'avance décidé à se laisser faire, à accepter tout ce qui plaira aux événements ou ce que décréteront sur nous les volontés des hommes, n'est pas digne de nous. Es-tu un instrument aux mains d'un autre, une pâte à pétrir selon son caprice ? Non, tu es quelqu'un, et tu dois compter. Même en passant sur toi, les forces supérieures sentiront que tu es là. Il ne leur est pas accordé de t'annihiler. Sois donc ce que tu es, une énergie consciente se sentant tenue d'agir pour le bien ! Garde avec soin le

tourment du mieux qui habite en toi ! Ose affirmer ce que tu aimes, ce que tu sais juste ! Ne
crains pas de dire ta conviction et, s'il le faut,
de la crier ! Sache qu'il est des heures où se
résigner au silence est une lâcheté ! Lève-toi,
insurge-toi, et si la force de compression grandit,
que ta résistance grandisse avec elle jusqu'à
l'explosion !

On a fait tort à la résignation, en abritant
sous ce nom la paresse d'esprit, l'indifférence,
l'amour de la paix à tout prix, la perpétuelle
capitulation devant les obstacles et la menace. L'humeur passive qui jamais ne résiste
a été appelée : bon esprit. Mensonge que tout
cela, pour excuser les âmes sans vigueur et
rendre faciles toutes les tyrannies ! Arrière cette
résignation qui souvent, ô ironie ! est tout simplement la résignation à la douleur des autres ! Ce
qu'il faut crier sur les toits, c'est l'insurrection
de l'esprit contre toutes les forces contraires.
Jamais ne nous contentons du *statu quo*, sous

prétexte qu'il est le calme, l'ordre, la conven-
tion respectée, car il est, hélas ! un oreiller de
mollesse pour les satisfaits et une couronne
d'épines pour les opprimés ! La résignation au
statu quo, c'est l'injustice perpétuée, le droit
tombé en prescription, l'iniquité sociale érigée
en ordre social, les vieilles erreurs consacrées
en formules et imposées comme vérités.

Qui donc nous a dit que le christianisme
enseignait cette résignation-là ? Il serait bien
loin de ressembler à son fondateur. Jésus était un
lutteur toujours prêt, un arc toujours tendu,
indomptable, animé d'une immense espérance
de vaincre, un jour, le mal et de transformer
la terre en un royaume de Dieu. Il a comparé
son esprit au levain, c'est-à-dire à la chose
du monde la plus active et la plus énergique,
n'ayant de repos que lorsqu'il a fait lever la pâte.
Et cet esprit n'a jamais accepté de compromis
avec rien ni personne. Intangible, incorrup-
tible, il n'a pas abaissé son idéal sublime au ni-

veau des égoïsmes et des prétentions d'un monde résigné à sa propre médiocrité. Aucun effort ne lui a semblé trop dur, aucune bataille trop rude, aucune souffrance ne l'a fait reculer.

Depuis qu'il est entré dans l'histoire, il a été de toutes les levées de boucliers pour la lumière, la liberté, la fraternité. Le bien a toujours été accompli par ceux qui ne pouvaient prendre leur parti d'un état de choses offensant leur conscience. Et de ceux-là, il faut en être.

Mais eux seuls aussi connaissent la résignation véritable. Et voici en quoi elle consiste : Elle consiste à accepter les conditions de l'existence, quitte à en tirer le meilleur parti possible. Les révoltés n'acceptent pas la vie, ils la maudissent, la méprisent et passent leur temps en récriminations. Ils perdent la vie, aussi bien que les trop résignés.

La vraie résignation prend la vie telle qu'elle est, comme inévitable point de départ. Mais elle commence aussitôt à la transformer. Je compare l'existence, avec ses douleurs et ses difficultés, à un champ à défricher. L'être passif se couche dessus, le révolté s'y promène en maugréant. Nous autres, nous l'acceptons : en attendre un autre serait une illusion vaine ; mais nous y mettons immédiatement la pioche et la charrue.

L'Homme. — N'y a-t-il pas cependant des choses auxquelles on ne peut rien changer ? La mort de ceux qu'on aime, par exemple.

L'Ami. — Non, ces faits n'existent pas. Même la mort est transformable. Toute calamité, toute douleur, tout deuil est un champ inculte. Ce que vous appelez la fatalité, dans votre esprit enténébré, est un terrain où il s'agit de porter le pic. Notre espérance de vaincre est illimitée. Toute chose dépend de la forme qu'elle prend dans l'esprit. Même la mort peut s'y transformer en vie, et la fatalité peut devenir un élément de libération. Il nous faut labourer.

Vois ce rocher nu, aride. Rien n'y germe.

Demain, grâce aux spores qu'apporte le vent, un lichen presque imperceptible y naîtra. De sa poussière se nourrira une mousse. Elle vivra d'air et de l'eau du ciel, mais le rocher lui cédera des parcelles. Après la mousse, une graminée germera, et les végétations mourront les unes sur les autres, laissant après elles de quoi en faire vivre d'autres. Un jour, sur cette pierre, une forêt surgira. De leur effort, les plantes auront créé la terre. Voilà ce que l'homme fait de la fatalité. Pas de caillou qui ne finisse par le nourrir !

Résignons-nous donc au champ austère, à la pluie, au vent, mais labourons, labourons toujours, labourons tout, et le désert lui-même fleurira !

VOLONTÉ DE DIEU

L'Homme. — Heureux celui qui peut dire avec simplicité : « Que ta volonté soit faite ! »

L'Ami. — Oui, car il se repose dans l'éternel, et l'agitation éphémère ne trouble plus sa paix. Il a jeté l'ancre sur le roc. Prenons garde, cependant, de ne point nous abuser ! Pour quelques-uns, la volonté de Dieu c'est le « fait accompli ». Il suffit qu'une chose soit arrivée, pour qu'ils y voient le doigt de Dieu. Il l'a voulue, permise du moins, autrement elle ne serait pas. Ceci est très grave. Il y a là de quoi nous plonger dans le marasme, l'immoralité, le doute horrible. Mais il faut reconnaître que le raisonnement est simple et paraît irréfutable.

Un pays se gouverne lui-même par le

concours de ses enfants, et jouit de toutes les libertés. Soutenu par une conspiration, un tyran entreprend de renverser les institutions que ce pays s'est données. Si les citoyens font bonne garde, sa tentative échoue. Mais si le contraire arrive, si elle réussit, ce nouveau gouvernement sera-t-il légitime, par cela même qu'il a pratiqué l'usurpation avec succès ? Pourra-t-on, en vérité, lui appliquer la parole singulièrement facile à exploiter : *Toute autorité vient de Dieu ?* La veille, tous les honnêtes gens avaient pour devoir de le combattre. Le lendemain, ils doivent acclamer leur vainqueur. Quelle est la conscience droite qui ne se soulève, en face d'une semblable prétention ? Je crois qu'il faut suivre sa conscience et faire opposition.

Tu t'es bâti une maison, à force d'économies, et tu l'habites en paix avec tes enfants. Le feu du ciel y tombe et la consume, que feras-tu ?

Il est des contrées où de telles demeures ne

sont jamais rebâties. Non pas que leur emplacement ait été reconnu dangereux, à la suite d'une première catastrophe. Mais le feu du ciel semble une manifestation directe de la volonté divine. Relever ce qu'il a détruit est un acte de révolte contre Dieu.

Lorsque Franklin trouva le paratonnerre, on vit son invention de mauvais œil, dans certains milieux dits pieux. Cet homme ne tentait-il pas d'enlever à Dieu une de ses principales armes de châtiment ? A suivre ce raisonnement, dont la forme est loin d'être absurde ou impie, on en arriverait à considérer comme sacrilège l'arrosage des jardins ou l'irrigation des prairies en temps de sécheresse. S'il plaît à Dieu de refuser la pluie à la terre, de quel droit y supplées-tu par ton industrie ?

Dans le même ordre d'idées, assainir un marais, percer un tunnel, détourner le lit d'un fleuve, sont des infractions à l'ordre établi par Dieu.

Quelques-uns n'usent d'aucun remède dans leurs maladies, et réprouvent l'art du médecin. D'autres soignent les malades, mais ils suffit que ceux-ci meurent, pour que leur fin apparaisse comme un accomplissement de la volonté de Dieu. Si tel est le cas, pourquoi soignez-vous les malades ? N'est-ce pas une façon d'entraver la volonté divine ? Si elle veut leur guérison, ils se rétabliront, même sans soins ; si elle veut leur mort, tous vos soins seront inutiles. Que pourrait-on bien objecter contre ce raisonnement ? Absolument rien. Pourquoi donc n'a-t-il jamais prévalu, même auprès des hommes les plus résignés à la volonté de Dieu ? C'est parce que, juste en apparence, il est impie au fond. On ne saurait ériger le fatalisme en règle de l'homme. Si de telles théories sont vraies, pourquoi donc as-tu une intelligence, un vouloir ?

La volonté de Dieu est que le bien soit. A notre égard, elle est le salut. Voilà qui est vrai, d'une vérité absolue. Mais c'est une entreprise pleine de péril, de vouloir interpréter en détail cette volonté et de se servir de son propre doigt pour indiquer celui de Dieu. De graves méprises, de cruelles injustices résultent infailliblement de cette prétention. Elle est odieuse surtout, quand elle s'exerce sur la destinée des autres. Dire que Dieu a frappé un tel, châtié telle nation ; traduire les intentions divines cachées dans les événements histo-riques, comme les reporters traduisent la vo-lonté des souverains et des hommes d'État, à travers ce qui apparaît de leurs combinaisons, quelle œuvre d'orgueil et de folie, de la part de la créature ! Que le prophète a bien dit, qui a mis dans la bouche de Dieu cette déclaration si vraiment empreinte d'humilité humaine : « Mes pensées ne sont pas vos pensées ! »

L'Homme. — Mais, à ce compte, nous sommes absolument incapables de savoir quelle est la volonté de Dieu ?

L'Ami. — Non pas, mais il n'a chargé per-

sonne de nous expliquer son plan par le détail.
La clef du monde et des destinées est trop colossale, pour que les mains d'une créature la
soulèvent. N'est-il pas suffisant de savoir que
Dieu veut faire concourir toutes choses à notre
bien, même le mal que nous font nos ennemis,
contrairement à sa volonté. Il n'est donné
à personne de sortir de l'Univers, d'organiser une création dans la création. Le poète
a dit : « Et l'oiseau le plus libre a pour cage un
climat. »

L'homme le plus méchant, le plus absolument insurgé contre l'humanité et contre
Dieu, vit et meurt au sein des lois éternelles. Il
en arrive à contribuer à l'équilibre qu'il essaie
de détruire, comme le menteur, par ses artifices,
accumule les matières inflammables pour le jour
de la lumière. Personne ne se permettra de dire,
cependant, que le menteur ment au service de
Dieu et par son ordre. Non, il ment à son
compte, mais il tombe malgré lui dans l'addition

d'où résultent sa faillite et la victoire de la vérité.

— Et comment me résumeras-tu ma ligne de conduite ?

L'AMI. — Voici : Tu es un mousse à bord d'un bâtiment colossal dont les dimensions mêmes t'échappent. Mais tu as ta bonne consigne à exécuter à ton poste. Agis, en toute circonstance, selon tes meilleures lumières loyalement consultées ! Tu seras sûrement alors dans la ligne indiquée par celui qui tient le gouvernail. Le vaisseau est solide, le capitaine bon. Tu peux avoir confiance. Rien de définitivement mauvais ne peut t'arriver, ni à toi ni aux tiens. Toutes les plus rudes péripéties ne sont que des incidents de route. La *volonté* qui nous guide et contre laquelle rien ne prévaudra est « qu'*aucun de nous ne périsse* ». Les cheveux mêmes sur notre tête sont comptés. Travaille, lutte, peine, et puis repose-toi sur l'Éternel ! Et si parfois tu es obligé de dire

en pleurant : « Que ta volonté soit faite ! » parce
que tu auras les mains en sang et le cœur déchiré, tu ne le diras pas comme un écrasé résigné à l'écrasement, mais comme le vaincu d'aujourd'hui, certain de la victoire future.

PRIÈRE

O Dieu, que ta figure paternelle me sauve de la face indéchiffrable des noires fatalités ! Ne laisse pas mon âme s'user contre l'incompréhensible, l'incohérence et la brutalité, l'injustice des hommes et des choses ! Mets dans mon cœur ta clarté familière ; donne-moi ta paix, malgré le chaos où je me débats ! Fais-moi comprendre que le désordre tient à mon point de vue ! A ma hauteur, tout est embrouillé. Plus haut apparaît l'harmonie. Sauve-moi du désordre de ma pensée !

MAITRISE DE SOI

L'Ami. — Un de tes malheurs consiste à t'identifier complètement avec tes impressions du moment.

— N'est-ce pas là plutôt une force et ce que la franchise réclame?

L'Ami. — Sans doute, c'est une force que de vibrer avec énergie à tout contact et de traduire avec entrain l'impression ressentie. Une des conditions d'une vie saine est là. Ceux-là seuls ont de la chaleur et savent en communiquer, qui ressentent profondément et traduisent avec simplicité et de toute leur âme.

— Alors que me veux-tu? Lorsque je pleure, je ne dérobe pas mes larmes; lorsque je ris, je ne cache pas mes dents. J'y vais de tout cœur. Pour dire ma sympathie, je ne mets pas de sourdine, et pour exprimer mon indignation, je ne mets pas de gants. Tu trouves cela mauvais ? Ce jugement me surprend. N'est-ce pas de toi que j'ai appris la vie droite, la parole sans fard, cette vérité de tout l'être qui nous habitue à vivre et penser au grand jour ? Aurais-je ton approbation, si je ne me donnais pas avec entrain et tel que je suis; si je m'enveloppais de réserve, de demi-teintes, d'hésitations ? Me serrerais-tu la main, si, quand je la donne, j'avais en même temps l'air de la retirer ?

L'Ami. — Nous sommes d'accord en tout cela. Je ne te demande pas de dissimuler, mais de te gouverner. Si tu es l'esclave de tes impressions, ta franchise même peut faire du mal. Il ne faut pas se détacher de ce que l'on ressent, ni faire tout ce qu'on fait, comme ne le faisant pas. Ce serait inhumain, et tout ce qui est inhumain est mauvais. Mais autre chose est de faire corps avec ses impressions, autre chose de s'y livrer. Dans tes rapports avec tes semblables, si tu veux rester juste, domine-toi, sois maître de toi ! Souviens-toi que tu es sujet à te tromper ! Souviens-t'en surtout lorsque tu conçois une opinion défavorable ! N'as-tu pas fait l'expérience que les impressions se suivent sans se rassembler ? Rien n'égale leur mobilité, surtout chez ceux qui les ont vives. A quel résultat prétends-tu aboutir en te livrant tour à tour et sans réserve aux effets contradictoires ressentis, leur donnant à toutes une traduction aussi énergique que possible ? Ce sera de l'incohérence, et ce que tu nommes franchise n'aura servi qu'à faire de toi une énigme pour les autres. Il faut se gouverner, réfléchir à soi, ne pas donner tête baissée dans une direction, et cela par franchise autant que par sagesse. Mais j'avouerai que je ne pensais à aucune de ces choses en t'adressant ma critique amicale. Ta réponse seule m'a conduit à ces réflexions.

Voici ma préoccupation à ton endroit, pour

ce qui concerne la vivacité des impressions.
Trop facilement, tu suis certaines sugges-
tions sombres des événements ou de la vie
humaine. Et devant des faits regrettables et
tristes qui te frappent, ta vue se trouble.
Une brume noire et froide envahit ton âme.
Tout te semble perdu, parce que le soleil
s'est dérobé et que les contours familiers des
objets se sont altérés. Déconcerté, égaré, tu
souffres alors un martyre sans nom. L'épaisseur
de tes nuits menace d'étouffer ton espérance.
Cela est mauvais : il faut y remédier. Apprends
à te dominer, à maintenir tes sentiments à
leur rang! Tout ce que Dieu t'a fait voir de lumineux sera-t-il effacé par une heure de ténèbres? Accorderas-tu à tes impressions un tel
crédit, qu'il suffira que l'une d'elles soit bien
noire pour détruire tout le reste à tes yeux ? Et
ton âme serait-elle semblable à la surface des
eaux changeantes où subsiste seulement le sil-
lage du dernier navire ? Aspire à mieux !

— A qui le dis-tu ? Je souffre cruellement de cet empire des dispositions momentanées. Toute réalité nette m'en impose. Son empreinte est telle, sur le fond sensible de mon être, qu'elle prend, pour une heure, toute la place. Or une heure suffit à faire une folie, à s'abandonner au désespoir, à manquer de fermeté dans son devoir. Il y a des jours où je sens le monde crouler sur moi. Comme les messagers de malheur se succédant auprès de Job, des rencontres déconcertantes, des paroles d'égarement, des scènes où triomphent le mal et le désordre, frappent successivement aux portes de mon âme, et bientôt je suis la proie de leurs sinistres annonces. C'est une maladie. Autant au sein des difficultés pratiques je me suis senti encouragé et soutenu parfois au-dessus de toute attente, autant je me sens faible à réagir contre ces dispositions pessimistes. J'en suis venu à admirer comme des héros tous ceux qui savent garder une âme plus égale.

L'Ami. — Ceux-là ne sont pas toujours des héros, mais simplement des êtres aux nerfs épais. Tu ne saurais te procurer leur cervelle, ni changer la tienne. Mais surveille-toi mieux d'abord; ensuite appuie-toi sur Dieu ! Sache te souvenir que si tes impressions du moment sont noires, elles n'ont qu'une valeur relative et très limitée ! Ne leur permets pas de voiler le monde! Ce sont des lambeaux de brouillard qui traînent sur toi. La nuit que tu aperçois n'est qu'une tache dans le jour infini.

NE T'ÉCOUTE PAS !

La préoccupation du moi devient à la longue le pire des esclavages. La culture du moi est la culture de notre surface vulnérable; une complication pour vivre, aussi bien que pour mourir. Se détacher, c'est être vraiment. Se libérer de soi, c'est vivre largement, devenir capable de se réjouir de toutes choses en ne dépendant d'aucune. — Mon Dieu, que le bonhomme « Nous-même » est donc encombrant, pour nous encore plus que pour les autres !

Connais-toi, mais ne t'écoute pas ! Marche, et ne te consulte pas ! — Monsieur n'est pas disposé ? — Qu'il marche tout de même ! La disposition lui viendra ensuite.

CONFESSION MÉCANIQUE

L'Ami. — J'estime dangereuses pour la vie intérieure ces formules où l'on s'accuse en bloc de tous les péchés imaginables.

— Pourquoi ? n'y a-t-il pas un fruit à espérer de ce retour navré sur notre misère morale ?

L'Ami. — S'il était vrai. Et encore ne faut-il rien exagérer. Accentuons dans le sens de l'encouragement ! Relevons l'homme en lui inspirant confiance en son moi supérieur ! Ne le replongeons pas perpétuellement dans sa souillure, sous prétexte de le sanctifier !

Prenons exemple sur Jésus ! Il connaissait nos tares; et cependant il emploie des procédés plus optimistes. Quand il dit : « Va, ne pèche plus ! » on sent qu'il nous en croit capables.

— Mais ces déclarations, ces aveux en gros ne m'inspirent qu'une médiocre confiance. Avec un peu d'exercice, vous parvenez à les répéter, sans sortir de l'attitude confortable d'une âme de juste endurci.

A ces habitués de la confession globale, se proclamant en théorie des monstres devant Dieu, signalez une faute pratique, une tache fraîche, et voyez comme on vous recevra ! C'est un fait d'observation courante que les milieux où la corruption générale de l'humanité est le mieux admise et enseignée, sont extrêmement pointilleux quand il s'agit de reconnaître simplement une erreur, une faute, une simple vétille. L'humilité ne consiste pas à s'accuser des plus graves généralités, mais à convenir de ses manquements de détail. Or ici, je le crains, le gros nuit au détail.

CRITÉRIUM

L'Ami. — Ne conclus pas à la modestie d'un homme, parce qu'il aura baissé les yeux devant l'éloge ! Rien de plus commun, de plus facile et de plus fallacieux !

Regarde plutôt s'il ne relève pas la tête devant une juste critique !.. Tu peux t'appliquer la règle à toi-même. Comment supportes-tu le blâme ? Tout est là. — Ils sont rares, ceux dont la modestie résiste à l'essai.

SURPRISES

— La vie nous surprend à chaque instant.
Dans l'ardeur de l'action, d'une minute à l'autre,
on se trouve avoir dit ou fait des choses injustifiables devant les principes les mieux reconnus.
Quelle misère ! Je suis honteux d'y penser.

L'Ami. — Tu aurais tort de prendre à la
légère ces inconséquences. Rien n'est humiliant
comme de constater que nos mouvements irré-
fléchis jurent avec notre idéal. Se vouloir pondéré, équitable, large d'esprit, détaché des petites vanités, et se surprendre en flagrant délit
de déséquilibrement, d'étroitesse, d'amour-
propre vulgaire ou de sensualité, c'est un témoignage de faiblesse, douloureux à enregistrer.

Aspirer à la vie haute et vraie et se sentir indécrottable, comment s'y résigner sans abdication ?

Ta peine me paraît donc justifiée. En une certaine mesure elle t'honore. Mais que ce soit vraiment la douleur d'être insuffisant, injuste, faible ou méchant, et non de l'orgueil blessé. Les meilleurs sentiments sont exposés aux pires contrefaçons.

Ne t'abandonne pas cependant à la douleur d'être mauvais ! Tu peux éprouver cette douleur, non lui appartenir. Le remords prolongé est une victoire de plus du mal sur nous. Acceptons-nous tels que nous sommes, mais attelons-nous bravement à l'action réparatrice ! Alors nos manquements mêmes deviendront des forces, et d'avoir erré parfois nous servira à faire de la clarté.

Une conscience tranquille aide à dormir en paix. Rien de plus désirable.

Mais si la conscience d'avoir manqué nous

tient éveillés, nous aiguillonne vers le mieux, nous anime du désir de réparer et de racheter, cela n'est-il pas bon aussi ?

Les fautes qui enseignent à vivre sont préférables à la justice stérile, pleine de la satisfaction d'elle-même.

SIMPLICITÉ

Caché aux intelligents ; révélé aux enfants.

— J'adore la simplicité.

L'Ami. — Tu as mille fois raison, c'est le trésor des trésors, mais attention ! Méfie-toi de ses contrefaçons ! Il y a des humbles rongés d'orgueil, des simples dont la rouerie déjoue l'esprit le plus avisé. Même dans ce qu'on pourrait appeler les milieux simples, rien n'est rare comme la vraie simplicité.

— Pourquoi faut-il que la source pure ait près d'elle la plante vénéneuse et sous le cristal de ses eaux abrite le reptile malfaisant ?

L'Ami. — C'est la vie, cela. A la lumière la plus intense répond l'ombre la plus noire. Tu

connais la parole du Christ sur les choses cachées aux intelligents, révélées aux enfants. La
fausse simplicité peut transformer cette magnifique et véridique déclaration en une source
d'erreurs et d'impostures.

— Comment cela ?

L'Ami. — Derrière une semblable parole mal
comprise, l'ignorance prétentieuse défie le savoir ; la superstition grossière se rit de la foi
authentique. Il y a un état d'esprit qu'on pourrait ainsi exprimer : Ceux qui n'ont rien appris
en savent plus long que ceux qui ont pris la
peine d'étudier. Une telle prétention paraît folle.
Or, non seulement elle a toujours existé, mais
elle a la vie dure et dispose d'un inépuisable
crédit. On a pu parler de la faillite de la science ;
l'ignorance est à l'abri de semblables propos ;
ses affaires resteront toujours florissantes.

On verra toujours le rebouteur et l'empirique
se dresser en face de la science médicale ; les
hommes n'ayant aucune idée de l'origine et de

la composition de la Bible, défier ceux qui ont pieusement peiné sur les questions de critique. L'incompétence en toute matière donne une confiance et un aplomb que le savoir discret et modeste ne connaît pas. Et aux yeux de la foule, si la réserve, la peur de se tromper sont un signe de faiblesse, la suffisance est un indice de puissance.

Caché aux intelligents, révélé aux enfants ! Tous les jours une odieuse parodie de cette pensée est fournie dans les milieux où les enfants se croient plus sages que les anciens. Souviens-toi du verbe haut de certains jeunes à table, lorsque les parents les écoutent, muets d'admiration si l'affection les aveugle, consternés s'ils voient clair !

— Dieu nous préserve de ce genre de simplicité d'esprit et de cette espèce d'enfants ! Des simples, des enfants, ceux-là ? Mais ce sont, au contraire, des vaniteux gonflés de puérilité prétentieuse !

L'homme d'expérience et de compétence, qui a cherché, interrogé les faits, dépensé sa vie à se renseigner, voilà le vrai humble! Il ne prétend rien savoir par lui-même. Et c'est pour avoir su redevenir enfant, reconnaître son ignorance, recourir au labeur patient, qu'il a pu soulever un coin du voile et apprendre quelque chose.

L'Ami. — Il n'en reste pas moins une vérité de premier ordre dans cette parole : caché aux intelligents, révélé aux enfants.

Et d'abord :

Il y a une disposition d'esprit qui ne permet pas de profiter, de s'éclairer. Je l'appellerai : l'esprit fermé.

Dans cette disposition fermée sont tous ceux, tant perspicaces et intelligents soient-ils, qui sont des gens à systèmes et à formules, des sectaires envahis par l'esprit de parti et les préventions. Ils n'ont rien à apprendre, ils savent. Ils ne cherchent pas la vérité, ils la possèdent.

Ils en sont les détenteurs patentés, l'offrent,
l'exportent ; mais ils n'importent plus. Eux seuls
sont les vrais, les purs, les croyants, les intelligents. Aussi rien, désormais, ne peut plus entrer
dans de semblables esprits. Imperfectibles, incorrigibles, incapables de s'amender et de réparer leurs tares, ils périssent, armés de la triple
cuirasse de leur suffisance. Tous les mandari-
nats scientifiques, tous les dogmatismes religieux et philosophiques en sont là. Ils font le
désespoir de quiconque travaille à établir quelque chose de bien, en dehors de tout ce qui est
officiellement reconnu. Tout pionnier de l'avenir
les trouve sur son chemin. Et le pessimisme
n'est pas exagéré, qui s'exprime dans cette
comparaison d'une rigueur presque choquante :
« Les publicains et les femmes de mauvaise vie
entreront au royaume avant vous. »

Les promoteurs d'idées scientifiques nouvelles n'ont-ils pas fait, pour leur part, et au
milieu de combien d'amertumes, l'expérience

que les esprits encore incultes étaient plus ac-
cessibles aux vérités neuves que ceux occupés,
encombrés, saturés par des conceptions trop
arrêtées.

Il faut s'examiner soi-même avec soin et tous
les jours, pour échapper à ce danger. C'est le
danger de mourir misérable, parce qu'on se
croit trop riche. — Mais voici bien autre chose :

J'estime que rien n'est plus essentiel au développement moral et à l'équilibre humain que de
s'en rendre compte. *Caché aux intelligents,
révélé aux enfants.*

Nous possédons par instinct, par grâce, par
droit de naissance, d'emblée et quelquefois sans
nous en douter, d'immenses richesses que l'excès
de réflexion et d'analyse, la rage de disséquer
et de ratiociner nous fait perdre. Méconnaître
cela, l'oublier, est un des plus grands malheurs
de la vie.

— Ce malheur, je l'ai senti par moments s'ap-
procher de mon âme. Je crains que ce ne soit

un mal de ce temps plus encore que des précédents.

L'Ami. — La première condition de succès dans la lutte est la connaissance de l'ennemi. Un homme prévenu en vaut deux. La peine que nous prenons d'apprendre est une peine méritoire et juste. L'enfant est animé d'une heureuse curiosité qu'il faut tenir éveillée. Bien conduite, elle devient chez l'homme la soif de savoir, mère de toutes les conquêtes de l'intelligence.

Mais si l'homme, à force de peiner pour mieux savoir, devait arriver à constater qu'il a désappris ce qu'il savait, ce serait une perte irréparable, et il aurait lieu de regretter la sécurité de l'enfant. Apprenons, faisons usage de nos lumières; mais ne tuons pas l'enfant en nous, c'est-à-dire l'être confiant, primesautier, sincère, dont la vie d'une richesse infinie est alimentée par l'obscur contact avec la Source !

« A force de sagesse, ils sont devenus fous ! »

Les âmes simples et droites reçoivent cette impression devant les hommes à culture raffinée, alambiquée, factice. Pour ces artificiels, les choses claires sont devenues obscures. Légistes qui à force de science légale ne voient plus la justice; théologiens embroussaillés ayant desséché le divin dans l'herbier de leurs subtilités; philosophes enlisés dans le scepticisme et finissant par se demander s'ils existent; moralistes ayant perdu la boussole, au point de ne plus distinguer la droite d'avec la gauche. Devant ces phénomènes d'aberration humaine, la vérité de la parole de Jésus reprend tous ses droits. C'est pour ces cas qu'elle a été dite.

Ce sont les âmes simples qui voient le plus clair dans le carrefour obscur où nous sommes. Le bon sens dans le raisonnement, la droiture dans la vie, la véritable éloquence, la plus haute puissance de l'art, le secret même du génie sont dans la simplicité. Et l'on peut affirmer que la simplicité suprême est celle des âmes à grande envergure qui ont beaucoup cherché, pensé, lutté, et ont su rester enfants, redevenir enfants, joindre aux conquêtes de l'homme le patrimoine de fraîcheur, de naïveté, de douce bonne foi qui fait le charme de l'enfant. Comparés à eux, les sages de ce monde ne sont que des déracinés.

NE DIS PAS

L'Ami. — Ne dis pas : Que peut une parole ?
Il faut si peu pour secourir une âme.
Ne dis pas : Ce n'est qu'une parole.
Il faut si peu pour froisser une âme.
Pour empêcher le char de descendre la pente.
pour faire buter le char qui monte, il suffit d'un
caillou.

PATIENCE

L'Ami. — Je t'enseignerai la patience de tous les instants. Il est possible de garder le calme, au sein de la bourrasque.

— Connais-tu ce pénible résultat du frein longtemps opposé à l'indignation ? On se domine, se retient ; mais on se ronge intérieurement. Les eaux montent, montent, et tout à coup la digue se rompt, et le débordement est pire que s'il n'y avait pas eu de digue.

L'Ami. — Ne t'arrête pas là ! C'est un accident d'apprenti. Il te passera. Pour l'apprenti, la patience est un effort qui lasse ou surexcite. Car il est patient malgré lui. Une fois que nous avons appris la bonté préalable, nous sommes patients par tempérament nouveau, et la patience devient un repos.

— Je la voudrais, cette paix profonde du cœur ; j'en ai soif. Mais qui donc la possède ?

L'AMI. — Elle vient de Dieu, par les fils du grand amour et de la grande confiance.

— Hélas ! où sont-ils ?

L'AMI. — Partout où une semence de vie éternelle a germé dans une âme. Je t'en parlerai, non en fervent d'une doctrine exclusive, appliqué à établir qu'un seul milieu est capable de les fournir, mais en observateur qui les a vus vivre un peu partout, dans de grandes différences de latitude et de doctrines. Une transformation s'est accomplie en eux, qui a mis toutes choses au point. Ils ont vu clairement ce qui importe et compte, et ne sont plus embarrassés du reste. De leur moi inférieur, notre pire ennemi à tous, ils ont délogé vers le moi supérieur où la vie consiste à aimer. D'esclaves, ils sont devenus libres ; de tremblants, ils sont devenus fermes, amarrés au roc, ne passant plus leur temps à attendre ou à redouter des événements. Leur cœur est à l'abri. Mais ce ne sont pas des formules toutes faites qui les ont sauvés du néant des jours perdus et de la stérile agitation qui fait notre malheur. Un rayon de douce lumière est tombé dans leur âme, de lumière si riche qu'il leur en est resté un reflet pour toujours. Ils ont bu à la source qui désaltère à jamais, et perdu le goût de boire à celles que les hommes entre eux se disputent. Ils n'ont plus craint ce que redoute la foule, ni placé leur amour dans ce qui périt. La paix a inondé leur âme, leur donnant la patience. Ils sont devenus calmes, et sentent que l'essentiel est à l'abri.

Ces hommes, entre eux, ne se ressemblent pas. Chacun est une création nouvelle. Et cependant, qu'ils se connaissent ou non, quelque chose leur est commun : ils ont le don de calmer et de pacifier. Il est rare qu'on se dispute en leur présence. Ils paraissent, et les mauvais sentiments se taisent.

Ils sont respectueux aussi de l'âme humaine. Subjuguer, endoctriner, commander n'est pas leur affaire. Et pourtant, par une force intérieure et sans contrainte, les cœurs vont à eux comme tend la plante vers la lumière.

En eux, cette parole de la montagne s'accomplit : « Heureux les pacifiques, ils posséderont la terre ! »

SOUHAIT

L'Ami. — Pour le bien de ceux qui vivent près de toi, autant que pour toi-même, je te souhaite la chose suivante :

Une humeur de bon soldat, au cœur chaud, à la tête calme.

Après les batailles gagnées ou perdues, si l'on est valide, on prend un repos mérité. Puis on astique et l'on repart. Si l'on est blessé, on se soigne, en rêvant de recommencer.

Mort, on a laissé aux autres un exemple vaillant. Et le courage leur revient en pensant à nous.

— Si je pouvais être un semblable petit soldat ! Je commencerais mes jours par quelque

chant vibrant qui serait la prière du matin. Et
les cœurs les plus lassés reprendraient vigueur
en l'écoutant. Dieu éternel, n'est-ce pas là vraiment la vie, la vie heureuse, la vraie vie, malgré
toutes les misères ?

VII

LES PIONNIERS

> Quitte ta famille et ta patrie pour aller au pays que je te montrerai !
>
> GENÈSE, XII, I.

*

> Suis ta consigne; laboure et sème. Mais ne demande pas : pourquoi ? Tu peux bien poser la question, mais tu n'es pas à la hauteur de la réponse. Un seul sait pourquoi, et celui-là t'aime. Que cela te suffise !

VA, DIS-LEUR !

L'Ami. — Va, dis-leur !

— Hélas ! tu me demandes l'impossible : ces choses-là ne se disent pas !

L'Ami. — Quelle est cette raison : « Cela ne se dit pas » ? Je ne t'en fais pas mon compliment. Dans un certain monde, la déclaration est péremptoire. Il y est pourtant bien porté de mentir. Faire ce que la conscience défend est un signe de souplesse d'esprit. A cela se reconnaît un caractère émancipé. Ce même monde a pour signalement de porter des vê-tements sur mesure, et de se contenter d'idées toutes faites. Mieux vaut avoir des idées à sa mesure et se contenter de vêtements tout faits.

Ce que je te demande est-il juste ? Y a-t-il quelque nécessité, quelque franchise, quelque courage à le dire ? Voilà la question. Après cela, si ces choses ne se disent pas, tu trouveras peut-être, dans cette routine même, un motif nouveau et puissant de t'en charger une bonne fois !

DE QUEL DROIT?

— Si le scribe me demande : « De quel droit
fais-tu cela ? » Que lui répondrai-je ?

L'Ami. — Ne t'inquiète pas du scribe. Peut-
être faut-il des scribes aussi. « *Es muss auch
solche Käuze geben* [1] », a dit Gœthe, d'un autre
et fort malicieux personnage.

Le scribe est gendarme de la pensée. Peut-on
se passer du gendarme ? Je t'accorde que sa
poigne est lourde, et que la forme ordinaire
de son action est la gaffe. Pour lui, tout libre
croyant est un vagabond : il mettrait la main
au collet de l'Esprit, s'il soufflait en dehors des
consignes.

Mais, ne t'inquiète pas du scribe et ne le

[1] De ces particuliers-là, il en faut aussi.

redoute pas ! Réponds-lui, si cela te convient, mais ne te figure pas qu'il t'écoutera ! — Réponds-lui : De quel droit je fais cela ? — Du droit qu'a le brin d'herbe de devenir flambeau sous le rayon du matin, du droit dont la source murmure, dont rugit le chêne, dont choit le caillou, d'où s'élance l'aile.

Si le scribe, après cela, n'est pas satisfait, envoie-le demander ses papiers à la brise, et son passeport à l'ouragan.

AVANT LE COMBAT

— Le combat sera rude. Sommes-nous en nombre, au moins ?

L'Ami. — Pour quels biens allons-nous à la bataille ? Pour des sacs de riz, de charbon ou d'argent ?

— Non ; nous défendons le bon droit, la vérité, la paix, la liberté.

L'Ami. — Dès lors, à quoi bon demander combien nous sommes ? S'il s'agit d'exercer des violences, le nombre est la grosse affaire. Jamais on n'est assez de monde. Après la bataille, le danger une fois passé, les difficultés commencent. La question se pose de faire durer ce qu'on a établi par la force, de transformer, par l'accoutumance, l'iniquité en justice, le mensonge en vérité, le rapt en possession légitime. Besogne colossale; aucune multitude, aucune arme n'y suffit : elle est toujours à refaire.

Le bon combat se livre dans des conditions tout autres. Tant mieux s'il y a des compagnons; mais ne nous plaignons pas d'être seuls. Il suffit d'une voix pour signaler une imposture, ou annoncer que le soleil se lève. Si cette voix se taisait, les pierres clameraient. Si elle crie, les pierres lui font écho.

OSE ÊTRE!

(Félix Pécaut.)

— Combien il est donc difficile de se retrouver au milieu des attaques, des critiques, surtout lorsque la crainte de se tromper nous anime ! Si les adversaires étaient des hommes mauvais, dépourvus de lumières, on n'aurait que la douleur d'être assailli par l'injustice, ou d'être mal compris. Mais se trouver combattu par d'honnêtes gens, de braves cœurs, et des têtes éclairées, quelle épreuve ! L'honnêteté des antagonistes m'impressionne. Je sens la force de leurs arguments. Parfois je voudrais qu'ils aient toute la vérité, pour pouvoir leur rendre les armes.

L'Ami. — Attention ! La fauvette dit son chant, la rose donne son éclat. As-tu vu pour cela l'alouette renoncer à sa mélodie, l'œillet

quitter sa parure, afin de leur devenir semblables ? Prends exemple ! Tu comprendras alors
que d'aucuns aient raison de te combattre, et toi,
de leur résister. Votre devoir à tous est de vous
affirmer dans ce que chacun a de plus individuel,
afin de réaliser le maximum d'utilité pour l'ensemble. Prends garde à toi ! Donne ta couleur,
fais vibrer ta note ! Tu es là précisément pour
cela. Reste ferme, remplis ta fonction : sois
toi-même et sois vrai ! Vrai surtout, dans ta
pensée, dans l'expression par laquelle tu la
traduis. Avec la plus parfaite vénération
envers le trésor traditionnel, le plus filial
attachement au passé, fuis, comme la peste, les
conventions vides, choses mortes qui font mourir ! Évite les ornières de la vie où les meilleures
forces s'embourbent; les ornières de la pensée
qui font dévier du chemin droit ! Être soi-même,
être sincère, donner sa pensée authentique,
voilà le salut !

Mais qui donc est simple, limpide ? Qui donc

osc l'être ? Qui donc a compris que la vérité
sauve ? qu'elle seule est forte, belle, puissante ?
L'avenir germe et veut naître ; mais le poids du
mensonge l'écrase. Chacun suit sa sagesse
myope, son intérêt mal vu, le mirage d'une
grandeur illusoire. Pourtant une seule chose
est sage, nous importe vraiment et nous fait
grands ; être un témoin sacrifié et heureux
de cette vérité qui fait vivre tout ce qui meurt
pour elle. Ne te laisse intimider par personne !
Trace en paix ton sillon !

Ne dis pas non plus : Il en viendra de
meilleurs, de plus forts après nous, des
jeunes gens, des hommes nouveaux, nos fils
peut-être. Est-ce là ton affaire ? Renvoyer au
jour de demain est mauvais. Plus mauvais
encore est de remettre à l'avenir et laisser
le présent s'écouler stérile. C'est faire acte
de médiocre citoyen envers la cité d'aujour-
d'hui comme envers la cité future. Comment la
fleur pourrait-elle paraître, si le bourgeon ne

se forme à son heure ? Et toi, bourgeon obscur où s'agite et se prépare ce qui doit être un jour, te trouveras-tu trop petit pour oser accomplir ton œuvre ? Si aujourd'hui ne fait pas la tâche d'aujourd'hui, comment naîtra l'avenir ? Il périra dans l'embryon.

Courage ! c'est par la splendeur intérieure du feu sacré que vivent les pionniers, non par l'éclat de l'œuvre accomplie et du succès. Qu'ils marchent par la foi ! Une voix les a appelés ; qu'ils répondent : « Nous voici ! » Qu'ils suivent la consigne sans s'occuper des commentaires ! Sans doute, le semeur d'avenir, humble ouvrier, peut se dire : Qui suis-je pour accomplir cette œuvre ? Mais un plus grand inspire le semeur et lui répond : « Ne crains rien, je suis avec toi ! » Le monde est plein de mystères, l'histoire pleine d'énigmes. L'Esprit souffle où il veut. Cela te regarde-t-il ? Laisse-le agir en toi ! Il nous rend capables d'accomplir des œuvres qui nous dépassent de toutes parts.

DISCUSSIONS

— Ces maudites discussions m'énervent et m'attristent. Et cependant, comment faire avancer la vérité, sans se mesurer avec les adversaires, réfuter leurs raisons, les pousser dans leurs derniers retranchements ?

L'Ami. — Discuter c'est trop souvent perdre son temps. Prouve le mouvement en marchant; on te suivra ! Si, par arguments dialectiques, tu essaies de persuader les autres que le mouvement existe, un plus habile que toi leur prouvera peut-être par sophisme qu'il n'existe pas. J'ai vu bien des discussions. Quand elles sont finies, le vainqueur triomphe ; l'autre, le vaincu, s'en va, confus mais fortifié dans son idée. A défaut de bonnes raisons, l'entêtement maintient l'homme dans ses positions.

Quant aux assistants, ils comptent les coups, ils parlent de la joute comme d'une rencontre sur le terrain. Ils ont pris parti pour l'un ou l'autre, mais le fond du débat les touche peu : avoir raison, voir son champion l'emporter, voilà leur désir ! A quoi cela les avance-t-il ? A devenir pires qu'avant. Et dans tout cela où est la vérité ? Elle s'est voilé la face et pleure à l'écart.

La méthode sûre pour amener ses semblables à profiter des convictions que l'on peut avoir, c'est de faire porter à celles-ci leurs fruits, c'est de les vivre. Que la parole ne soit que le commentaire des actes !

Endoctriner les uns et les marquer ensuite aux initiales du troupeau auquel soi-même on appartient; harceler et combattre les idées des autres : deux formes courantes de propagande. Dans l'une, les idées servent de licou pour guider les esprits et les tenir en laisse; dans l'autre, ce sont des armes dont on

transperce le prochain ou dont on l'assomme.
Si le rare bonheur vous est échu d'avoir une
idée, quel dommage de l'employer à pareille
besogne !

Comme il y aurait plus de profit pour tous à
la faire rayonner par la vie, la bonté active, le
sacrifice libérateur !

Ne discute pas, sois !

FAUX DIEU

— Il y en a dont le Dieu est toujours du côté du plus fort. Quand les affaires se gâtent dans un parti, il l'abandonne. Ce Dieu doit être riche, car il se met contre le pauvre et, pour prouver sa grandeur, broie les petits. Dans les conflits d'intérêt, il se trouve parmi les plus habiles; dans les conflits d'opinion ou de croyance, il est avec les autorités. Et lorsqu'un innocent succombe, il approuve, par amour de l'ordre établi, la sentence qui l'accable.

C'est le Dieu des diplomates, des conquérants, des vainqueurs, des hommes de proie, des hommes d'Église, le Dieu du fait accompli et du *statu quo*. Il a de la surface, de l'influence, des places à donner. Il soigne ses adorateurs, les aide à se pousser dans le monde et leur fait en outre, à des conditions avantageuses, des promesses d'outre-tombe fort brillantes.

L'Ami. — Méfie-toi de ce Dieu, quels que soient les quartiers de noblesse exhibés par ses champions ! Ne te laisse pas intimider par sa foudre ! Perce à jour son imposture ! Brave sa colère et ris-toi de sa rancune ! Lorsqu'il t'appelle, fuis-le ! Fuis-le, car il ment ! Il prend ce qui ne lui appartient pas, ses mains sont teintes de sang. Un mot le juge et le précipite de son trône usurpé : *Ce Dieu n'est pas un honnête homme.*

AIME LES VAINCUS !

— Fils de mon temps, je l'aime de tout mon cœur. Mais il est bien déconcertant. Sa science établit, par droit de sélection, la prééminence du plus fort. Il déduit des faits, très sérieusement, qu'il est bon, juste que certains disparaissent.

Mais son cœur est doux aux vaincus. La violence lui fait horreur. Se trouver du côté du manche lui apparaît comme une bassesse. Comment sortir de cette contradiction ?

L'Ami. — Aime les vaincus ! Ils sont plus intéressants que les vainqueurs. La victoire est hideuse d'orgueil. Le meilleur homme et la meilleure cause y dégénèrent. Il y a une fatalité contre le triomphateur. Le jour de sa gloire est celui de son jugement. Et dès qu'il a posé le pied sur la cime dominatrice, ses actions commencent à baisser aux yeux de l'Esprit. Terrassée, la cause la plus odieuse devient sympathique, par un côté ; triomphante, la plus belle cause devient subitement laide, d'une laideur jusqu'alors inconnue. L'or pur se change en plomb.

Aime les vaincus ! Donne ton cœur à ceux qu'on outrage et qu'on persécute ! Sois du côté de l'enclume et non de celui du marteau !

Oh ! l'horrible divinité que celle qui se manifeste contre les petits, les faibles, les déshérités, les opprimés et les misérables ; propice aux puissants, aux satisfaits ! Je la hais, elle, ses temples, ses autels, ses encens, ses prêtres et ses fidèles !

Bas sectaires de la Force, qui allez promenant par le monde ce dogme : *nous sommes les plus forts, parce que les meilleurs.* En vain essayerez-vous de mettre de votre côté la science ! Vous ne nous convertirez pas au *Dieu des vic-*

toires, à sa religion obséquieuse, à ses *Te Deum* hypocrites.

Depuis que la croix est devenue dans ce monde un symbole, les vaincus se sont éclairés dans l'âme humaine d'un jour nouveau.

Ce sont précisément les meilleurs qui succombent dans cette vie injuste et brutale. La terre est fécondée par le sang des martyrs. Les vaincus sont le sel de la terre et la lumière du monde. Sans eux, il y a longtemps que l'humanité aurait péri de ses tristes victoires.

Quelles sont les idées les plus fortes dans le monde ? Celles qu'on a le plus persécutées.

Quelles sont les idées qui déclinent et perdent du terrain dans l'âme ? Celles qui ont célébré le plus de triomphes, opprimé le plus de consciences, réduit au silence le plus de penseurs indépendants.

QUITTE TA FAMILLE ET TA PATRIE !

— J'ai de toute forme ancienne une vénération invincible. Elle s'étend aux vieux meubles et même aux vieux habits. Et pour les symboles vénérables de la foi des pères, mon respect est plus grand encore. Pourquoi toute ma vie a-t-elle consisté en adieux ?

L'Ami. — Ne te plains pas ! Il en est qu'une voix appelle à quitter leur famille et leur patrie. Que chacun écoute sa voix ! A ceux qui savent lui être fidèles, l'humanité doit tous ses abris. Le sort de ceux qui les trouvent ou les construisent est d'avoir dû souvent coucher à la belle étoile. Cela aussi est nécessaire, et si tu paies ainsi ta dette, ne le regrette pas ! Après tout, les vieux symboles ne valent que par leur esprit, et celui-là ne peut se perpétuer que si quelques-uns ont le courage de le suivre partout, même au delà de la lettre. L'essentiel est de rester fidèle à l'inspiration première. As-tu songé parfois que pour obéir à l'esprit du maître qui vous dit: « *Va* », il faut s'éloigner de lui selon la chair? Partir pour demeurer près de lui « en esprit », voilà ta vie d'adieux et de fidélité! Qui est le plus fidèle aux traditions des pères? Celui qui respecte leur demeure, au point de ne la point réparer, sous prétexte qu'il faudrait y toucher, ou celui qui hardiment y met la main et répare? Qui est le plus fidèle encore aux mêmes traditions? Celui qui voyant la maison menacer ruine, la quitte et en construit une autre, comme ses pères jadis, ou celui qui se cramponne aux murs croulants, au toit délabré, dût-il y perdre la santé et la vie et celles de ses enfants?

Cette question se répond à elle-même.

Va, ne pense pas aux pères avec tristesse.

Pionniers ils furent, ils aiment les pionniers. Ils reconnaîtront leur sang.

— Ce ne sont pas les Pères que je redoute, ni le Christ, ni les Prophètes, ce sont les frères, mes contemporains, chair de ma chair et qui croient servir Dieu en nous appelant des infidèles. Je souffre de leur exclusion bien plus que si elle était juste.

L'Ami. — Les frères n'ont jamais apprécié les travailleurs d'avenir. C'est une loi du monde qu'il faut subir en homme. Ne demande pas l'impossible aux autres, ni même ce qui est difficile ! Aime-les, mais ne les écoute pas ! N'écoute que la voix qui, depuis Abraham, a dit aux croyants : « Je suis le Dieu tout-puissant, marche ! »

DANS LES PATURAGES

— L'alpage immense ondule sous le ciel. Les troupeaux épars y pâturent. Ils ont, vus de ces hauteurs, l'aspect de bandes de fourmis. Là-bas, perdu dans ce creux désolé, un troupeau de moutons noirs fait l'effet d'une poignée de suie tombée de la main du ramoneur.

Au son des clochettes, que les échos des rochers se renvoient, tout cela broute, broie rumine.

L'herbe a sucé la terre, la bête mange l'herbe. L'homme boira le lait de la bête et consommera sa chair.

L'AMI. — Tout cela n'est qu'une similitude. Elle traduit et rend sensibles des faits du monde intérieur. La vérité brute, non encore humanisée, ressemble à la terre massive, à la matière inorganique. Les éléments capables d'alimenter l'esprit y sont renfermés, mais inaccessibles au commun des mortels et totalement indigestes. Il faut des organes spéciaux pour en profiter et les rendre assimilables à d'autres. La pensée robuste de certains hommes, munis d'une faculté particulière, remplit cette fonction. Ils vivent là où d'autres périraient ; des pierres ils font du pain. Quand ils ont passé dans un domaine jusque-là inhospitalier et infertile, ils l'ont en quelque sorte rendu habitable et fécond. Ce sont les initiateurs et les pionniers. Le reste des hommes vit à leur ombre et de leur main ; ils sont leurs nourrissons. Mais le nourrisson est ingrat de nature : il frappe le sein qui l'allaite. Et l'humanité persécute et tue ceux qui la font vivre.

RESPECT DE L'AME

L'Ami. — Celui qui mène Orion comme un troupeau a mis pour limite à sa puissance la liberté d'une âme. Il n'en violente aucune, même dans l'intérêt du salut. Pour toucher un misérable qui se souille et s'égare, il se fait petit, presque suppliant. Quelle leçon donnée à l'homme toujours enclin à imposer sa volonté ; aux justes regardant les pécheurs du haut de leur justice ! Nous sommes trop grands devant les petits, c'est le meilleur signe de notre médiocrité morale. Dominer, régenter, diriger, contraindre, voilà notre méthode à nous ! Les résultats sont déplorables : soumission feinte, adhésions superficielles, indifférence, révolte.

Peser sur les consciences, est de pratique courante. Chacun fait intervenir les mobiles qui lui paraissent qualifiés pour provoquer une détermination. Les parents pèsent sur leurs enfants. Ils remplacent la juste autorité par l'abus de leur privilège d'aînesse. Ils déforment le caractère et la volonté de leur propre chair.

Les Églises font de même. Partout l'âme est sacrifiée à l'alignement. L'Écriture a dit : « Tu ne passeras pas le rasoir sur la tête de mes prophètes » ! Ce sont ces têtes-là qu'on rase le plus. Bien mieux : on les supprime.

Ne contraignons personne, n'endoctrinons personne ! C'est un abus immoral de peser sur les esprits. Faisons de la lumière, simplement ! Éclairons la vie par cette clarté que propage l'amour vrai ! Ainsi notre influence sera libératrice, vivifiante, créatrice d'activité nouvelle et de conviction personnelle. Nous n'éteindrons pas l'esprit. Nous enfanterons des âmes à la vie supérieure, au lieu de transformer quelques semblables en automates, et quelques germes d'âmes en momies.

LA BIBLE ET LA CRITIQUE

L'Ami. — On fait à plaisir une mauvaise réputation à ces deux puissances.

La Bible prétendrait à des privilèges. La critique aurait à son égard des intentions malicieuses.

Faux bruits, fumées que tout cela ! Mettons les choses au point !

La Bible *est*. La critique s'emploie à la reconnaître en elle-même et par elle-même, non sur la foi de tierces personnes. Il faut très simplement penser que la Bible doit gagner à être connue telle qu'elle est. Cela peut mettre d'accord tous les esprits droits et qui n'ont point d'intérêt « *à côté* ».

— Je suis entièrement de ton avis. Mais j'en ai un autre encore que je ne me laisserai pas prendre. Les questions d'authenticité sont fort intéressantes. Toutefois, avant qu'elles soient résolues, il coulera bien de l'eau sous les ponts. Alors, après m'y être appliqué de mon mieux et selon le devoir strict, je reprends ma vieille Bible, et je lui dis : Telle quelle, je t'aime, toi qui pleures de toutes nos larmes et chantes de toutes nos joies. Il m'est doux de te relire comme te lirait un ignorant, grande de ton anonymat et de ton éternité. Tes auteurs et tes actes de naissance me sont indifférents. L'âme humaine t'a enfantée, dans sa douleur comme dans son espérance. Tu donnes la mesure de sa misère et de sa noblesse. Et j'aime en toi tous ceux qui ont bu à tes sources, reposé sous tes abris, posé sur toi leur tête pour le dernier sommeil.

✳

La Bible est fourmillante de paroles de vie, comme le ciel d'étoiles. Et, pareilles aux étoiles, ces paroles sont des mondes.

PRENDS GARDE !

— Que l'Évangile est plus simple que les conciles, les Pères, les théologiens de toute race ! Comme une parole du Christ est plus fortifiante que leurs doctes broussailles ! Qui nous délivrera du fatras des scribes, pour nous faire entendre encore la Voix sur la montagne ?

L'Ami. — Prends garde ! ne commets pas d'injustice. Il faut beaucoup de bonne théologie, pour nous empêcher d'en faire de la mauvaise. Par méfiance du médecin, on risque de tomber dans les rebouteurs.

Tout le patrimoine humain a besoin d'être contrôlé. Pas de bon pain sans bon blé. Pas de blé net sans crible. Cribleurs de textes, trieurs d'idées, fonctions indispensables. Ren-

dons-leur justice, tout en constatant leur insuffisance à donner la vie !

De temps en temps, d'ailleurs, ce travail, je
te le concède, est agaçant. Il produit l'effet des
moulins dont le tic-tac et les grincements assour-
dissent. Alors jouis de ta liberté, va ailleurs !
Redeviens enfant, épanouis ton âme au soleil
de Dieu, et bois sa rosée sans te soucier du
reste !

ATHÉISME

— C'est un athée !

L'Ami. — Hum ! Que crois-tu avoir dit par là ? Il ne faut pas confondre les diverses sortes d'athéisme. Les distances entre elles sont capitales. Autant de façons de croire en Dieu, autant d'athéismes. De quel Dieu êtes-vous athée ? C'est ce qu'il importe de définir. On a appelé Socrate un athée, Jésus un blasphémateur. Dieu certainement doit être athée de toutes les fausses divinités, c'est-à-dire de bien des formes sous lesquelles il est invoqué, enseigné, caricaturé dans le monde.

L'athéisme a une racine mauvaise, quand il est le fruit de l'impiété. L'homme entier se trouve vicié par l'impiété. Elle est l'absence de tout respect de toute vénération, de tout sentiment de la valeur des êtres. Un esprit de souillure et de profanation l'anime. Sous cette forme, l'athéisme n'est pas une doctrine, mais une dépravation criminelle. Il n'est pas permis de confondre avec lui des états d'esprit respectables. D'ailleurs, cette sorte d'athéisme, qui n'est que profanation et impiété, peut se rencontrer chez des hommes faisant profession de croire en Dieu. Ne nous y trompons point! Croire en Dieu, ce n'est pas prononcer son nom et jurer par un credo. Si le cœur est impur, haineux, méprisant des droits, des idées, des croyances d'autrui, dépourvu de respect, de tendresse, de scrupule, nous sommes en face du pire athéisme, hypocritement décoré, à la surface, d'une étiquette religieuse. Cette forme d'athéisme, je le crains, est très répandue.

Une autre l'est encore plus. Quand une routine séculaire a pétrifié la croyance, elle se maintient chez des milliers d'hommes à l'état de corps étranger, sans lien avec l'organisme, sans action sur la vie. C'est de l'athéisme pratique. La majorité des hommes n'ont pas d'autre religion. Ils sont frères des athées routiniers, niant Dieu avec indifférence comme les autres y croient.

L'athéisme philosophique provient de plusieurs causes. Certains esprits, engagés dans la conception mécanique du monde, considèrent l'idée de Dieu comme une inutile superfétation. Elle ne leur paraît répondre à rien de positif. Ils l'éliminent par conséquent, ou s'imaginent l'éliminer. Ils ont souvent l'athéisme jovial.

Chez d'autres, l'athéisme est le résultat d'une impossibilité de croire, douloureusement ressentie.

Mais, au fond, quel Dieu nient-ils ? La plupart nous prouvent par leurs écrits et leurs propos que c'est une simple abstraction, une image imprécise, divinité mort-née tombant de l'arbre comme un fruit maladif. Leurs négations ne détruisent qu'un fantôme. Le noyau résistant de l'idée de Dieu, ils le gardent et, sous d'autres noms, en font des pièces essentielles de leur pensée. La mort des dieux est une de leurs thèses favorites, Mais ils travaillent, sans le savoir, à leur résurrection.

La forme la plus intéressante de l'athéisme est celle où une conception, jusqu'alors acceptée, de la divinité s'effondre devant les progrès de la conscience humaine. Quand l'homme est devenu plus grand, plus désintéressé, plus équitable, et en somme meilleur que son Dieu, l'image de celui-ci pâlit et s'éteint au for intérieur. Ces cas d'athéisme supérieur existent. En regardant de près le Dieu officiel, on est obligé d'avouer qu'il n'a que ce qu'il mérite. Si l'ancienne mythologie attribuait aux dieux des mœurs dont rougiraient des humains quelque peu propres, nous ne surprenons que trop souvent dans l'enseignement religieux courant, des doctrines sur Dieu, injustifiables

devant la conscience. Puérile, tracassière, ran-
cunière, arbitraire, sa mentalité rappelle celle
du despote oriental n'ayant de compte à rendre
à personne. Il exige une justice qu'il ne pratique pas, impose des douleurs dont il est lui-
même exempt. Sa partialité tient du prodige ;
son inaltérable sérénité fait un scandaleux
contraste avec la misère humaine. Devant un
cœur d'homme sincère, dévoué, droit, équitable,
clément, cette figure manque de prestige
moral. Et l'attitude de ses défenseurs achève de
la compromettre. Ils ont mêlé leur Dieu à trop
d'affaires injustes, ils ont trop souvent soli-
darisé sa cause et la leur, substitué leur masque
à son visage.

Qui sait si le vrai Dieu n'a pas rompu avec
ses champions attitrés, pour aller habiter inco-
gnito le cœur de ceux qui ne le nomment pas,
mais vivent de sa vie ? En tout cas la situation
est grave. Elle exige les réflexions et les efforts
de tous les hommes religieux, et principalement

de ceux qui ont charge d'âmes. Par quel filtre de repentir, de douleur, de labeur obstiné, ne devra pas passer notre conception de Dieu, pour ressortir limpide, salutaire, libératrice, comme elle jaillissait du cœur des vieux Prophètes et de Jésus ?

Mais ils se trompent, les athées convaincus qui parlent de la disparition de Dieu, ou qui pensent devoir le déraciner de nos âmes, afin d'en extirper les tares d'une religion momifiée, démoralisante, schismatique, étroite, adversaire de la liberté et du progrès humain. L'homme a besoin de Dieu. Plutôt que de s'en passer, il serrera dans ses bras de pauvres fétiches. Si vous voulez le délivrer de l'esclavage des doctrines étouffantes, donnez-lui une conception de Dieu où l'on respire à l'aise.

Le mal ne doit pas nous faire oublier le bien. L'idée de Dieu a brillé sur l'humanité d'une immense clarté. Vous-même, par atavisme, en restez imprégnés. On ne la remplacera jamais par rien que par elle-même, purifiée, remise au point du degré nouveau de conscience et de vie sociale. Que tous les hommes de bonne volonté suivent chacun leur chemin, fassent leur œuvre désintéressée ! Un jour, ils auront amassé dans la peine et l'angoisse les matériaux d'un édifice religieux nouveau, largement ventilé, hospitalier, digne de Dieu et de l'humanité.

Ce jour-là, nous devrons une reconnaissance particulière aux travailleurs de la première heure, y compris les pieux athées, que l'insuffisance des religions existantes avait jetés dans la négation et fait se replier sur eux-mêmes pour chercher mieux.

SOCIALISME

— Es-tu socialiste ?

L'Ami. — Non.

— Pas possible ! Moi qui te croyais corps et âme acquis à cette grande cause du peuple, de la femme, de toutes les libérations et de toutes les réparations ! Et tu n'es pas socialiste ? Quelle contradiction !

— C'est plutôt de la logique.

— Tu es conservateur, alors, et bourgeois ?

L'Ami. — Encore bien moins. Pour éviter de me perdre en Charybde, me précipiterai-je dans Scylla ? Écoute : si le socialisme n'était que la tendance désintéressée vers une plus haute justice pour tous, je serais socialiste avant la lettre. Mais le socialisme est tant d'autres choses, que je dois fuir cet *isme* comme tous les autres. La cause du peuple, j'en suis. De ceux qui s'en attribuent l'intelligence unique et la défense exclusive, je n'en suis pas. Les uns sont violents, injustes, haineux; comment les suivrais-je? Les autres sont à tel point particularistes, que leur penchant naturel les entraîne sans cesse aux scissions. Ils ne s'entendent, même entre partisans, qu'à titre provisoire. L'excommunication est une de leurs principales formes d'activité.

Lorsque l'un d'eux se distingue, il devient aussitôt suspect. Je trouve leur fraternité trop batailleuse, leur égalité trop soupçonneuse, leur liberté trop éprise d'alignement. On peut admettre des fautes, et tout le monde en commet; mais il n'y a pas d'anomalie, à exiger d'un homme la mentalité de son idéal. Plus le grand idéal d'humanité m'attire et me fascine, plus ses champions attitrés m'apparaissent mesquins. Je crains que le socialisme actuel ne soit antisocial par plusieurs de ses tendances prédominantes.

— Tu es d'une sévérité excessive. Pense à toutes les difficultés de la lutte pour l'avenir, au misérable point de départ, aux ténèbres sociales où les esprits sont plongés. Ceux-là, sortis du milieu, peuvent-ils n'en pas porter les tares ? Que deviendrait le bourgeois, si tu lui appliquais la mesure que tu appliques aux socialistes ?

L'Ami. — Nos sévérités les plus grandes, nos scrupules les plus exigeants doivent être du côté de la cause préférée. Contre une foule de socialistes d'étiquette, j'ai ceci : qu'ils sont aussi bourgeois que les bourgeois, avec l'hypocrisie en plus. Ils revendiquent un autre monde, mais ils sont conservateurs des principaux vices de celui-ci. Où est le désintéressement ? Désirer une situation meilleure dont les frais seraient pour autrui, et pour vous les avantages, ne me semble pas un mérite suffisant. Depuis quand l'arrivisme est-il une vertu ? Je vois ici, dans la foule, des appétits; chez les meneurs, de l'ambition. Par quel privilège ces appétits valent-ils mieux que ceux du bourgeois; par quelle grâce de parti cette ambition est-elle moins impure ? Pas plus que l'esprit repu et satisfait, l'esprit de revendication ne constitue une force libératrice.

— Tu ne vois que le mal. Est-ce moi maintenant qui te montrerai le bien ? Tant de généreuse dépense de soi-même, tant de souffrances endurées pour la cause, d'esprit de sacrifice mis en œuvre et patiemment semé, en vue de temps meilleurs ! Une somme incalculable de courage, d'endurance, une invincible poussée en avant, malgré la misère du présent et ses charges écrasantes ! Le peuple a pris tout mon cœur. Je le trouve si bon, si magnanime, si prompt au pardon, si lent à la colère, si admirable dans son espérance d'une humanité plus belle.

L'Ami. — Le peuple est une chose, la politique et l'économie politique des partis socialistes en est une autre. Vivre du peuple n'est pas vivre de la vie du peuple. Se réclamer du peuple, n'est pas lui appartenir de cœur. Exploiter une cause n'est pas la servir. Si l'on passait au crible du bon sens et de l'équité tous ces socialismes laïques et ecclésiastiques, il ne resterait pas beaucoup de bon froment pour les semailles de l'avenir. Dans tout cela, j'aperçois en outre un partage inégal : les uns font le bruit, ils sont au premier plan et prétendent tout conduire; les autres font la besogne, et tout le monde les ignore. Nous enrôlerons-nous parmi les mouches du coche ?

— Hélas ! évidemment il y a beaucoup de vrai dans ces critiques; mais le socialisme n'en est pas moins une des grandes forces pour le bien et le progrès, actives à l'heure présente.

L'Ami. — D'accord; mais il aura du mal à se dégager de ses *patrons*, les socialistes attitrés, et de leurs formules. A supposer que ne règne ici qu'un esprit détaché des bas appétits et des vulgaires ambitions, un immense désir de voir le mieux se réaliser, et naître une société

moins criminelle et moins incohérente, que
peut-on attendre de bien de cette rage de théo-
rétiser ? La plupart de ces prétendus hommes
d'avenir sont ivres de formules, fanatiques de
symétrie. La société qu'ils rêvent est un casier
à musique. De plus, ils balaient du domaine de
l'esprit tout ce qui, à première vue, ne cadre pas
avec leur système. On tarit les sources de la
vie avec ces procédés-là. Au commencement
des grands mouvements, il y a les pionniers,
les éclaireurs, les prophètes, beaucoup de
souffle, de ressort, de puissance expansive. Les
mandarins viennent sur le tard. Ils creusent à
l'idée des canaux pour y circuler, en attendant
qu'ils lui creusent une tombe qu'ils scelleront
de leur sceau. Ici, les doctrinaires, les mar-
chands de formules, les scolastiques et les pédants encombrent le début.

Ne vois-tu pas aussi l'incohérence de leur phi-
losophie ? Champions de l'opprimé, défenseurs
du faible, la plupart adoptent en bloc une

doctrine matérialiste. Ils sont en lutte contre
l'égoïsme, le droit du plus fort, et proclament
une théorie de l'Univers où la faiblesse est le vice
par excellence, où l'égoïsme est la première des
vertus. Pour faire surgir une société nouvelle,
large, altruiste, fraternelle, de l'utilitarisme inférieur, tel qu'il sévit sous nos yeux, un autre idéal
est nécessaire, d'autres motifs d'action, une vue
plus nette et plus sûre de la vraie nature humaine. Je vois nos tares profondes, nos plaies
horribles. Tu ne me rencontreras jamais au
rang des satisfaits, ni des résignés à l'iniquité et
à la misère. Il faut que ce monde soit vaincu et
qu'il n'en reste pas pierre sur pierre. Mais on
vaincra le monde mauvais par l'Esprit, l'injustice par la justice, la haine par l'amour, l'esclavage par la liberté, l'exploitation par le sacrifice,
le mensonge par la vérité. La bête humaine ne
fondera pas la Cité de l'Avenir. Voilà pourquoi
je ne me convertirai pas au socialisme existant.
J'estime, au contraire, qu'il a lui-même le plus

urgent besoin de se convertir au socialisme supérieur, comme les médecins à l'hygiène, les
juges à la justice, la Synagogue aux Prophètes,
et les Chrétiens à l'Évangile.

*

L'Ami. — Si chacun voulait vivre et pratiquer
la centième partie de son socialisme, nous serions sauvés. Les joueurs de flûte sont légion,
les danseurs, très rares, et par une perversion
fâcheuse de l'altruisme, chacun fabrique du socialisme... pour l'exportation, pour le prochain.

AIME L'IDÉAL !

L'Ami. — Au sanctuaire de l'âme, prépare le royaume des cieux ! Mets en honneur ce qui sur terre est à la peine ! Environne de beauté ce que la vie courbe et flétrit ! Libère les opprimés ; à l'exilé donne une patrie, un foyer au déshérité, un compagnon au solitaire ! Pose la couronne sur la tête des vaincus ; répare les injustices, comble les distances !

C'est en nous que commence la victoire sur le monde, si d'abord nous avons en nous lavé, effacé la vieille tache d'iniquité, rejeté la haine, voulu le bien de toute la force de nos résolutions, accepté le sacrifice. Ne fais pas baisser pavillon à l'idéal, devant les démonstrations d'une réalité grossière ! En haut ton cœur, mon fils !

Lorsqu'en dehors, le fait brutal triomphe, que la sottise ou la méchanceté s'étalent, unies à la force, et reçoivent l'hommage qui va au succès, le moment est venu d'offrir à l'idéal un hommage intérieur. Fais-lui fête, pavoise, illumine ! Ne l'aime pas à moitié, avec mollesse et regret, comme une chose impossible et d'avance condamnée ! Aime-le de toute ta foi ! Marche à sa clarté ! Et la nuit même, autour de toi, deviendra le jour.

Il faut que l'œuf soit couvé, pour éclore. Aimé, réchauffé dans nos cœurs, l'avenir plus beau, lentement prend figure. Un jour, la coque pesante, la prison où le retiennent ses ennemis coalisés, se rompt sous la poussée vivante, et l'idéal déploie ses ailes en pleine réalité.

HAUTE ÉGLISE

L'Ami. — Vers la sainte Église, une, universelle, toutes les autres devraient être des voies ouvertes, amenant du Nord et du Midi, de l'Orient et de l'Occident, à travers les diversités de la vie et des pensées, les fragments d'humanité à l'humanité intégrale. Vestibules visibles d'un invisible sanctuaire, visant toujours plus haut qu'elles-mêmes, et plus loin, ainsi m'apparaissent dans leur beauté, humbles mais collaboratrices d'un dessein grandiose, les Églises.

Pratiquement, elles sont de vieilles et respectables raisons sociales, cultivant, sous des formes différentes et en concurrence, la religion mise en formules. Elles enferment leurs adeptes dans le vestibule, et la porte est murée qui devrait conduire au sanctuaire supérieur. Abaissement regrettable !

Mais voici qui l'est plus encore. Les Églises constituent des milieux conservateurs bien clos, où se pratique, par la concentration de toutes les peurs, l'obstruction à tous les progrès.

Le bien très réel, accompli dans ces milieux, est neutralisé par leurs mutuelles rivalités. L'esprit d'étroitesse s'y installe à la longue, presque fatalement. La pratique est si loin de l'idéal, qu'elle en est à peu près la négation. De fait, les Églises comptent parmi les principaux agents de division entre les hommes. Il n'y a pas d'obstacles plus décidés sur le chemin qui conduit à l'universelle fraternité.

— D'une semblable réalité comment passer à l'idéal ?

L'Ami. — Ce sera long, car le mal est chronique, et il se considère comme le plus grand des biens. Il n'y a qu'un remède : la douleur des croyants, pacifiques et fraternels. Rien n'est ingénieux comme la souffrance. Je vais te signaler un moyen qu'elle m'a suggéré.

Tu sais quel âpre combat les êtres se livrent entre eux pour le pain. C'est une de leurs principales causes de conflits. Qu'ont-ils trouvé de plus significatif, dans le but de symboliser une autre mentalité, que celle du féroce acharnement autour du pain ? Ils ont trouvé l'hospitalité. L'hospitalité consiste à dire pendant une heure à son semblable : Ma maison est ta maison, ma table ta table, mon pain ton pain. L'hospitalité nous apparaît donc au milieu du conflit sauvage des appétits comme une pierre d'attente d'une société meilleure, pacifiée dans l'entente et le mutuel dévouement.

Il y a là une indication à noter. Les Églises devraient faire ce que font les particuliers : exercer l'hospitalité mutuelle, large, généreuse, bienveillante, telle qu'elle s'exerce à certains foyers bienfaisants où l'hôte, même d'un jour, se sent chez soi, parce que accueilli, compris, aimé.

— Oh ! mon ami, que tu es jeune, toi qui as tant vu d'hommes ! Les galets du rivage déploieront leurs ailes parmi les blanches mouettes, avant que les cœurs endurcis, aigris, portés à l'antagonisme violent, ne suivent la pente de douceur où tu prétends les mener.

L'Ami. — Il me plaît d'aspirer avec force aux progrès difficiles. Sachons vouloir ce qui est légitime, espérer ce nous aimons !

Désirons le bien avec une ardeur complète ! Regardons-le, décrivons-le ! Pour moi, lorsque la réalité grossière s'enfle sous mes regards, je salue en esprit ce qui devrait être.

Je rêve donc d'Églises, se recevant entre elles. La synagogue, aujourd'hui, ouvrirait toutes larges ses portes aux fidèles chrétiens. Demain, les chrétiens recevraient les Juifs dans leurs cathédrales et leurs temples. On ferait régner, ce jour-là, une cordialité générale, quelque chose de l'esprit qui devait souffler sous les tentes d'Abraham, lorsqu'il accueillait, le

soir, des hôtes mystérieux. S'ouvrirait-il quelque
part un culte nouveau, se bâtirait-il un sanctuaire neuf, on pendrait la crémaillère spirituelle en présence des frères des autres cultes.
Tout cela, non avec l'arrière-pensée de se
convertir mutuellement, mais pour marquer avec
force ce qui unit les hommes et pour nous reconnaître frères en douleur, comme en espérance,
en misère comme en grandeur.

— Hélas ! tout cela est fort touchant, mais y
penses-tu sérieusement ? Va faire ta proposition
aux chefs, de part et d'autre ! C'est du mépris et
de hautains refus que tu recueilleras.

L'Ami. — Il nous faut monter, avec notre
volonté de bien faire, plus haut que les refus
et les mépris. Les rivalités, les oppositions
d'idées, les atavismes, sont comme des montagnes séparées par des crevasses. Élance-toi
dans la région sereine de l'humanité récon-
ciliée ! Baigne ton corps dans la lumière clé-
mente qui tombe de l'infini sur les pics neigeux,

les gouffres noirs ! Vis dans ce qui doit être, et tu transformeras ce qui est ! Tu rapporteras, de tes séjours dans l'idéal, la force de ne jamais négliger le moindre détail pouvant conduire à mieux.

La virulence de l'esprit sectaire est incroyable, le monde aujourd'hui en est empoisonné. Raison de plus pour nous attacher à tout ce qui peut le combattre. Vivre et agir par la foi vaut mieux que de se laisser démoraliser par ce qu'on a sous les yeux de peu réconfortant. Te crois-tu seul ? Ne suis-je pas avec toi ? Ne penses-tu pas ce que je pense, ne le désires-tu pas ? Aie donc le courage d'espérer la victoire pour ce qui est l'objet de ta profonde et invincible conviction ! Certainement tu as des compagnons. Sors ton drapeau, ils s'assembleront ! Que ceux qui croient à l'humanité pacifiée et fraternelle se reposent de temps en temps des scandales de l'esprit sectaire, en se rencontrant entre eux pour partager ce qu'ils ont de meilleur ! Les droits de l'Idéal sont imprescriptibles.

Elle existe, quoique invisible, l'Église idéale, l'Église de Dieu. Des âmes vivent un peu partout, dans les milieux divers, qui ont plus de bonheur à constater un seul point commun, qu'à signaler cent motifs de division. Les pierres sont prêtes, d'une haute et lumineuse cité, où les âmes sevrées d'amour pourront lui chanter un hymne nouveau. A cet hymne grandiose, public, préludons par de chaudes fraternisations familiales, mettant le cœur au large ! Et l'heure viendra où ce qui timidement se dit à l'oreille se criera sur les toits.

HUMANITÉ TRIOMPHANTE. HUMANITÉ MILITANTE

L'Ami. — Nous pouvons concevoir de loin, comme une figure idéale, l'humanité accomplie. Tous les travailleurs de l'avenir marchent à cette lumière. Dans les jours de tempête, comme dans ceux, plus énervants, de calme plat, cette haute figure de beauté les soutient.

— Et pourtant, malgré les splendeurs de l'idéal, malgré ce doux rayon qui tombe sur notre route, la marche m'intéresse plus que l'arrivée.

L'humanité militante, c'est l'humanité héroïque. Je la trouve plus belle de ses blessures et de ses luttes, qu'environnée de l'auréole de victoire. Aspirer me touche infiniment plus que posséder, et les promesses de l'aube naissante ont plus de charme à mes yeux que la clarté du plein midi.

« NUNC DIMITTIS »

— Enseigne-moi l'art de partir !

L'Ami. — Au petit nombre de ceux qui l'exercent, mesure sa difficulté !

Plusieurs savent presque tout, excepté s'en aller. Ils ne s'entendent pas à cesser, en temps utile, l'œuvre accomplie. Ils ne peuvent se résigner à ramasser leurs outils pour quitter. Souvent ils gâtent le meilleur de leur travail par cette obstination à rester là.

Sachons cesser de bon cœur, et non lorsque la force des choses nous arrache de notre place pour nous signifier un congé brutal !

A l'orateur sacré, Luther donne ce conseil : « *Tritt frisch auf; thu' den Mund auf, und hör bald auf!* [1] » Ce conseil pourrait s'étendre de l'art de parler à l'art de vivre.

Il en est qui ne trouvent pas leur péroraison. Ils s'endorment dessus, et leurs auditeurs de même.

Pareils aux orateurs qui ne savent pas conclure, sont les hommes qui ne savent pas se retirer, une fois l'heure venue.

Les institutions sont comme les individus. Le monde est encombré de vieilleries depuis longtemps mûres pour la retraite. Leur fonction terminée, elles sont restées là, se cramponnant à leur place, barrant la route de l'avenir, faisant un accueil féroce à tout ce qui veut naître et grandir.

Nunc dimittis! Laisse aller maintenant ton serviteur! Qu'elle est belle de douceur et de sérénité, la parole du vieux Siméon demandant à s'en aller en paix! Paraître avec entrain, tra-

[1] Parais avec entrain; ouvre bien la bouche, et termine vivement!

cer son sillon vigoureusement et, le labeur
fourni, s'effacer, afin de ne pas gêner par son
ombre le blé qui veut pousser, voilà la seule
pratique virile, conforme à l'intérêt supérieur
et au bonheur personnel !

Renoncer à temps, évite bien des misères,
d'impuissants efforts, pour allier ces deux choses
incompatibles : être et avoir été. Mais comme
toutes les sciences, celle-ci est longue. On en
acquiert les éléments dans les petites occasions.
Si tu veux t'initier à ses secrets, applique-toi, en
toute occurrence, à ne traîner sur rien. Les longues paroles, les longues lettres, les adieux in-
terminables, les explications qui n'en finissent
pas, tout ce qui, fait pour durer son temps pré-
cis, s'installe, s'éternise, devient chronique, doit
être sévèrement évité. Ne nous attardons nulle
part ; c'est un excellent entraînement pour les
heures décisives, où il s'agit de démarrer pour
de bon.

VIII

PAR LA FOI

Je ne suis qu'un atome tourmenté;
mais j'ai, par moments, entrevu le grand
calme rassurant qui gît au fond des
choses, et je sais qu'il n'y a pas lieu
de s'inquiéter.

Je crois, viens en aide à mon incrédulité !

PRIÈRE

Père, garde-nous, enveloppés de ta tendresse puissante! Notre esprit vacillant en a besoin. Trop de choses l'impressionnent. Rassure-le! Ne sommes-nous pas à toi dans les passages sombres, comme sur les sentiers lumineux; dans l'incompréhensible, comme dans ce qui nous paraît clair?

LA FOI QUI CHANCELLE

L'Ami. — Dussent les formes de notre pensée demeurer soumises à d'incessantes modifications et rester à jamais distantes de la vérité totale, ceux-là se trompent le moins, qui ont confiance, qui croient à l'au-delà sans limites, à tout ce qui ranime et console, élargit le cœur et l'horizon, complète et clarifie cette existence fragmentaire. En eux fleurit l'humanité; à leur chaleur s'épanouit l'âme. Humble foi, timide tout ensemble et hardie, foi qui chancelles comme l'enfant en ses premiers pas, comme lui tu es pleine de tout l'avenir. Rien ne t'égale. Ta simplicité confond les sages, éclaire les ignorants, trempe les forts, soutient les faibles. Et si la vie nous apparaît souvent comme un abîme obscur, n'as-tu pas des ailes pour le franchir?

POUR TRANSPORTER LES MONTAGNES

— Jamais nous ne résoudrons tous ces problèmes, ils sont trop !

L'Ami. — Alors pourquoi les compter ? Pourquoi t'obstiner à vouloir faire du gros ?

C'est en détail qu'il faut aborder et vaincre le monde, avant de comprendre ce qu'est la victoire sur lui, sur son engrenage terrible, son déterminisme, ses fatalités. Tout acte de vraie bonne volonté et de foi authentique est un acte de libération et de création. Il réalise un état de choses supérieur et, par la déchirure produite dans l'épaisse trame de mal, de haine et de servitude où nous sommes retenus, fait entrevoir la terre de liberté. Ne néglige pas les occasions prochaines de faire ce qui te paraît possible, pour regarder au loin, vers l'occasion problématique où tu seras mis en mesure de tenter l'impossible même! Par l'imperceptible et lente accumulation des efforts ajoutés aux efforts, se bâtit l'univers nouveau. A force de déplacer des atomes, vous aurez transporté les montagnes.

SOLA FIDE

Le monde est inexplicable, car il est sans bornes, et toute explication chemine entre deux haies. La confiance seule, absolue, est la base de la grande vie : *Le Juste vivra par la Foi.* La mesure manque pour déterminer la grandeur de semblables paroles : elles sont des univers. Ceux qui les prononcèrent les premiers, ont débarqué sur un rivage inconnu. Mais, découvrir un continent nouveau, ce n'est pas encore l'avoir exploré. Quel chemin, d'Habakuk, le vieux Prophète, à saint Paul, et de saint Paul à Luther ! Ils ont marché sur une terre nouvelle, mais nul n'en fera le tour. Il reste de la place pour la carrière de tous les âges.

LA VIE PAR LA FOI

« *Ne crains rien, crois seulement!* » « *Ta foi t'a sauvé* ». « *Le juste vivra par la Foi* ». Que nous veulent ces paroles vénérables, usées de redites, et le plus souvent incomprises ? Elles signifient ceci, qui est aussi net que sans bornes : « *Aie le courage de te fier au pouvoir en qui repose l'Univers !* » C'est le grand pas, la grande affaire. Se confier ainsi largement, tranquillement, c'est un acte de vaillance spirituelle. Mais n'est-ce pas en se jetant dans l'espace libre pour la première fois, que l'oiseau s'aperçoit qu'il a des ailes ?

Cet acte d'initiative et de courage, ce pas résolu de l'absolue confiance, est en même temps la démarche la plus raisonnable que puisse tenter une créature. Faire crédit à Dieu, nulle sagesse, nul calcul prudent ne saurait être plus sûr. Ce n'est pas trop s'avancer, ni construire sur le sable : c'est choisir le roc. La solvabilité dépasse les limites de notre pensée.

CONFIANCE

La Foi est la Confiance en Dieu, et non la complaisance d'un esprit prêt à tout accepter, ni cette élasticité de l'aptitude à croire, permettant de l'étendre jusqu'à l'invraisemblable et même l'absurde.

L'homme de peu de foi est celui qui se méfie de la solidité de l'Univers et de son organisation. Il n'a qu'une médiocre confiance dans le résultat final. L'impression qu'il reçoit du spectacle universel, comme de la vie des hommes, est une impression de désordre et d'incohérence, à laquelle il ne peut opposer aucun contrepoids.

L'homme de foi, lui aussi, voit le chaos, l'injustice de la vie, l'impassible brutalité des lois naturelles. Mais il ne se résigne pas à la sentence de la Fatalité aveugle. Les vestiges de l'Esprit qu'il sent en lui, l'empêchent de s'abandonner et de se soumettre. S'il est plongé dans la nuit, assailli par la tourmente, la boussole l'empêche de se désorienter. Il n'admet pas que la cause soit jugée, et reste en appel. Sous le coup même qui l'assomme et semble péremptoire, il dit : Je maintiendrai ! Au fond, la foi c'est l'audace poussée jusqu'à l'infini : *Notre Foi, c'est la victoire qui a vaincu le monde.* (Jean, 5, 4.)

✽

Celui qui meurt pour sa foi ne donne pas sa vie pour un article de catéchisme, lors même qu'il en aurait l'apparence. Au fond, il s'offre en sacrifice, afin d'affirmer ce qui, seul, fait le prix de l'existence, à savoir sa fin dernière et son but supérieur, sans lesquels la vie n'est elle-même que de la mort déguisée.

Ravir sa foi à son semblable est pire que de lui voler son argent ou sa maison, pire que de lui prendre la vie. C'est détruire le toit sur sa tête, le sol sous ses pieds. Vous tremblez à l'idée que vos enfants se trouvent un jour dans la vie, sans nourriture et sans abri. Comment pouvez-vous supporter l'idée qu'ils soient sans foi ? Celui-là seul qui ne croit pas à sa destinée, est véritablement sans feu ni lieu.

Ce qu'un homme a de plus précieux, c'est la Foi. Tout est contenu là. L'Amour n'est si grand que parce qu'il contient la Foi implicitement. Si vous ne croyez ni au monde, ni à l'homme, ni à l'avenir, si votre *credo* tient en ce cri: *Tout est vanité!* vous aimez dans le néant, d'un cœur mal assuré. Tous ceux qui aiment pour de bon, définitivement, ont mis dans leur amour quelque chose de ce pain de vie que procure la Foi invincible.

Où est le bien, où est le mal, où est la norme des idées et des actes ? La voici : Tout ce qui augmente en nous la Foi, agrandit notre horizon, donne à l'homme une plus haute conception du prix de la vie, et un plus ferme courage pour travailler en espérant, est bon.

Tout ce qui diminue sa confiance, ralentit son entrain, raccourcit sa vue, l'abaisse à ses propres yeux et le décourage, est mauvais.

CRÉDULITÉ — INCRÉDULITÉ

La crédulité est une disposition à accepter facilement ce qui nous est présenté. Elle se caractérise avant tout par une grande absence de jugement.

La foi est un acte de confiance éclairée dans le pouvoir qui mène le monde, dans la destinée humaine, dans les bonnes causes, liées à la cause même de l'humanité.

La crédulité est de tous les temps. Faisant partie du « laisser-aller », elle est à la portée du grand nombre.

La foi est de tous les temps aussi. Mais comme elle implique de la résolution, de l'énergie, une extraordinaire dépense de soi-même, elle est le lot d'une élite.

Lorsqu'elle consiste à ne former sa conviction que de bonnes et solides raisons, à se méfier d'affirmations péremptoires et d'autorités non justifiées devant la conscience, l'incrédulité est une vertu de premier ordre.

Si elle doit consister au contraire à penser médiocrement de l'Univers, de l'Esprit, de la destinée humaine, ce n'est plus qu'une infirmité mentale.

CONFUSIONS

L'Ami. — Les incertitudes de la foi ne proviennent pas seulement de l'obscurité de la vie, du nombre et de l'étendue des problèmes dressés devant nous. Une de leurs sources les plus fécondes est la confusion d'idées.

Il y a dans les esprits d'étranges préventions et de bizarres malentendus au sujet de la Foi.

Ce seul vocable : « *je crois* », par la diversité des sens qu'il comporte, peut donner lieu à toutes sortes de méprises. Je crois peut signifier : je suppose. La foi, dans ce cas, serait l'*hypothèse*. Et plusieurs l'entendent bien ainsi. Mais l'hypothèse n'offre qu'une sécurité relative, et beaucoup préfèrent n'en point faire.

Nous avons ensuite la Foi du charbonnier,

qui accepte sur parole et sans contrôle. Tout le monde ne peut s'y résigner.

On confond encore la foi et la croyance : erreur parfois dangereuse. La croyance est l'enveloppe intellectuelle de la Foi.

Par un procédé légitime et conforme à nos besoins, la foi, d'âge en âge, enfante la croyance. Secrète en elle-même, incommunicable en son essence, la foi se manifeste et se répand dans le monde par le symbole. Toute croyance est un symbole. Sa valeur dépend de la vigueur avec laquelle elle exprime, nourrit, provoque la foi.

Mais si elle est indispensable, la croyance est modifiable. Les croyances passent, la Foi demeure.

C'est un grand malheur, quand la croyance, cristallisée, perd la souplesse qui lui permet de traduire la foi, conformément à la mentalité changeante des époques successives. Son office est de parler la langue de chacun, se faisant tout à tous, afin de faire vibrer à travers les

voix éphémères des générations « un son d'éternité ». Mais le plus grand malheur arrive là où
la croyance demeure quand la foi s'est enfuie.
Alors c'est le mensonge déconcertant installé
en plein sanctuaire. La croyance morte tue la
foi et l'empêche de renaître.

CROIRE ET SAVOIR

L'Ami. — Un très ancien conflit se remarque et se continue entre ce qu'on appelle le savoir positif et la Foi. Ce conflit est sorti de l'abus invétéré que certains font de la Foi, lorsqu'ils l'érigent en science de l'inconnaissable. Alors la connaissance qui repose sur l'observation se dresse devant celle qui sait ce qu'elle n'a pas appris et ce que l'on ne peut expérimenter.

Un semblable conflit est inévitable et fait tort à la Foi autant qu'au savoir positif. Il est d'un intérêt capital pour l'humanité que toutes ses aptitudes soient respectées dans leur rôle. Elle a besoin de toute sa clairvoyance pratique et de toute sa puissance d'intuition.

Si la Foi est une science à exposer en paragraphes, où s'expliquent et s'exposent, par le menu, les secrets rouages des choses, son travail est en concurrence illégitime avec celui de la raison expérimentale, et l'Univers qu'elle bâtit est à la merci de tous les accidents. Une découverte nouvelle peut bouleverser l'édifice.

Si la science positive prétend, à elle seule, fournir aux âmes le pain de vie, elle risque de tarir les sources où nous puisons la sève spirituelle, et pour la perte desquelles elle ne saurait offrir de compensation.

Nous touchons ici au nœud central de la vie intérieure. Rien d'essentiel en nous ne doit être mutilé. Il faut qu'une solution intervienne, équitable, respectueuse de l'équilibre humain, où ne soient contrariés ni ce besoin de chercher, de contrôler, de voir, de définir d'où la science est sortie avec tous ses fruits, ni la soif de certitude fondamentale en ce qui touche l'ensemble de notre destinée, soif que la science est aussi incapable de satisfaire que de détruire. L'homme est plus grand que sa science. Admirable, puissante, digne de toute notre connaissance, mais limitée à son domaine, la science ne peut porter cet infini qui se nomme la vie. Celui qui voudrait vivre de ce qu'il *sait*, et rationner son être en ne lui offrant que des certitudes de l'ordre dit positif, périrait d'inanition.

Tant que la Foi se confondra avec un corps de doctrines accompli en lui-même, au caractère définitif et s'affirmant en face du savoir historique ou naturel, il y aura comme une scission dans l'âme, une guerre ouverte entre des choses également dignes de vivre, également indispensables.

Que de luttes, d'angoisses, cette confusion a fait naître, que de ruines elle a accumulées ! Pour le croyant, il ne peut résulter, d'une semblable confusion, que de l'agitation et de la crainte perpétuelle. Aux hommes de science, la Foi apparaîtra comme une puissance d'obstruction. A la place d'une collaboration féconde entre des aspirations destinées à se compléter mutuellement, nous avons deux puissances en-nemies cherchant à s'entre-détruire.

Il faut vivre. Nous ne saurions attendre que les problèmes soient résolus. Nous n'avons, d'autre part, ni le droit ni le pouvoir d'installer définitivement l'humanité dans un édifice de croyances désormais exempt de revisions, ou dans un système scientifique.

La situation du conservateur religieux est terrible. Il a identifié son salut avec une conception stricte du monde.

Celle de l'homme résolu à ne plus sortir des limites du savoir positif est terrible également. Nous avons des contemporains qui cumulent dans une même âme ces deux détresses.

L'ÉPÉE DE DAMOCLÈS

L'AMI. — Un doute — et combien en est-il
de justes, de légitimes, que la raison et la conscience nous inspirent et qu'il n'est pas bon
d'écarter ? — un doute sur un point de doctrine
suffirait-il pour couper un homme de sa base
d'approvisionnement spirituel ? Une découverte
physique, une question d'authenticité de textes,
résolue contre notre croyance, auraient-elles le
pouvoir de faire écrouler dans une âme ce qui
fait sa force, son soutien, sa vie ?

Est-il admissible que d'une cornue de labo-
ratoire sorte cette déclaration qu'il n'y a pas
d'avenir ni d'espérance pour l'humanité ? Que,
par impossible, un parchemin inconnu surgisse
d'un couvent d'Asie, un papyrus d'un tombeau

d'Égypte, et détruise par la base nos idées sur les Évangiles et ses miracles principaux, y compris des faits, jusqu'ici tenus pour certains, de la vie de Jésus ! Quels que soient l'ordre et la portée d'un semblable événement, est-il tolérable de penser que l'humanité en soit atteinte dans ses œuvres vives ? Non, un tel état de choses ne saurait s'admettre.

L'épée de Damoclès peut être suspendue sur nos têtes, s'il s'agit du succès d'une entreprise déterminée.

Mais l'Univers et la Destinée humaine ne dépendent pas d'un fil qui se rompt ou résiste.

Or, nous vivons sous l'épée de Damoclès, tant que la chute d'une croyance peut entraîner celle de notre base même ; tant que le coucher d'un astre, si brillant qu'il fût, si longue qu'ait été sa carrière, peut amener pour nous la nuit éternelle.

Où est le Salut ? Dans la Foi seule.

MIRACLES

Das Wunder ist des Glaubens liebstes Kind.
(Le miracle est l'enfant le plus cher de la Foi.)
(Gœthe.)

L'Ami. — Les miracles sont comme les fleurs
de la prairie. Pour les bœufs, les fleurs, c'est du
foin. Pour l'abeille, munie d'organes subtils, ce
sont des calices pleins de miel. Un récit merveilleux contient un trésor d'âme, appréciable pour
l'âme seule qui s'en nourrit. Broyé par la meule
et jeté dans la cornue des constatations massi-
ves, il ne révèle pas son divin secret. Il reste un
fait vulgaire, ou une fiction absurde.

Au fond, le miracle est l'affirmation de cette
vérité : Aucune situation n'est sans issue.
Malgré l'étreinte de la fatalité, et les impasses

du désespoir, il reste toujours une porte de sortie. L'Esprit, ici, affirme sa victoire sur le monde.

— Est-ce arrivé ? Est-ce possible ?

L'Ami. — Questions à côté. Demande plutôt quel est le sens. Les faux miracles se reconnaissent à ceci : Ils n'ont point de sens.

NOBLESSE ET ROTURE

L'Ami. — Noblesse descend de roture. Ce qui est saint, sacro-saint, fut d'abord laïque et familial.

Si la noblesse ne se retrempe, de génération en génération, dans la roture, elle s'anémie et meurt.

Si le sanctuaire ne se retrempe aux sources de la vie laïque et familiale, il se transforme en sacristie.

La sacristie est au sanctuaire ce qu'est l'éteignoir au feu sacré. Je dirais volontiers : Profane comme un sacristain.

LA QUESTION

L'Ami. — Au fond, la question des questions est celle-ci : *L'Univers est-il vivant, ou bien est-il mort ?* Si l'univers n'est qu'une grande mécanique, l'homme se sent plus grand que lui, par la pensée. Seul éveillé dans la nuit universelle, il est envahi par l'atroce angoisse qui doit saisir, dans la tombe, les malheureux enterrés tout vivants. L'homme voit, l'univers est aveugle; l'homme entend, l'univers est sourd; l'homme pense, l'univers pèse. Comment celui-ci peut-il être l'enfant de cela ? Rien n'est fatal et strict comme un mécanisme. Par quelle dérogation à sa loi a-t-il enfanté son contraire ? Si l'univers est mort, l'homme est inexplicable. Il n'a pas de père. Nous sommes en plein miracle, en pleine incohérence plutôt.

Croyons donc au monde vivant ! L'esprit besogne au fond des choses. Ce n'est pas une hypothèse surajoutée. C'est l'essentiel.

Pourquoi crier à l'anthropomorphisme ? Que prétend-on dire de sérieux en affirmant que notre Dieu est à notre image ? Tout ce qui passe par par notre pensée ne se reproduit-il pas à notr image ? C'est humainement que vous parlez de la cellule, et non comme en parlerait une cellule elle-même. C'est humainement que vous pensez de Dieu, et non comme il se connaît lui-même. Quoi d'autre est possible ? Serait-ce une faiblesse ? Non, c'est une force. Dès que vous faites effort pour penser comme si vous n'étiez pas des hommes, mais des pierres, des gaz, des molécules, vous tombez en dessous de vous-même. Votre univers prend je ne sais quel aspect gauche et artificiel, qui distingue le mannequin de l'homme vivant. C'est une misère et une pitié.

Ayons donc le courage d'être des hommes, de

penser comme des hommes ! Par quoi d'autre,
mieux que nous-mêmes et les trésors infinis
concentrés en nous, apprendrions-nous lentement à remonter vers notre source ? Croire en
Dieu, c'est humain. Et plus notre Dieu sera
largement, simplement, saintement humain,
plus il sera divin, en route du moins vers la divinité mystérieuse et secourable qui emprunte,
pour nous parler, les signes à notre portée.

Vers le *Père !* Tout est là. Accumulez les
pouvoirs, mettez en faisceau les majestés, que
l'esprit rayonne, que l'infini s'entr'ouvre, rien
n'est assez beau ni assez grand ! Mais tout cela
n'est que la frange de son manteau. Allez au
cœur même, vous trouverez le Père !

SI TU PENSES A DIEU

L'Ami. — Si tu penses à Dieu, ne t'inquiète pas de ton horizon borné, du miroir imparfait où ton âme le reflète ! Dis-toi surtout qu'il est la grande puissance favorable, et ne pense à lui que d'une âme rassurée ! Car il n'est terrible qu'au méchant, ou plutôt au mal qui est dans le méchant. Et sa haine même du mal n'est que de l'amour pour le méchant. Aimer l'ennemi est un amour que l'homme essaie, mais que Dieu pratique. S'il haïssait quelqu'un de ses enfants, il se haïrait lui-même.

RECHERCHE DE DIEU

L'Ami. — La Recherche de Dieu est le mouvement de l'Ame vers sa source et vers l'ensemble.

Tous les êtres se nourrissent de la substance universelle et lui empruntent de quoi vivre. L'âme vit d'une nourriture intérieure qui, sous plusieurs formes, n'est que l'essence éternelle et spirituelle, pénétrant, soutenant les êtres particuliers. Être coupé de sa source, c'est le grand malheur.

Heureusement, il y a des formes sans nombre, conscientes et inconscientes, par lesquelles l'homme parvient à se ravitailler. Si l'on pouvait discerner, au fond de chacun, la fonction nutritive et les procédés qu'elle emploie, on s'apercevrait qu'à travers les plus étranges aberrations de la conduite, les superstitions les plus grossières, les pratiques les plus incohérentes, nos âmes, après tout, cherchent la Source de Vie.

Comme les corps, en tombant, cherchent le centre de la terre, comme la plante encavée cherche la clarté du jour, comme l'hirondelle cherche le midi, et l'aiguille aimantée le nord, la créature cherche Dieu, par essence, invinciblement. Cette tendance se confond avec la volonté même de vivre. Aspirer à la plénitude, à l'union, à l'harmonie, du sein de la misère, de l'isolement, des ténèbres, c'est la résultante profonde à laquelle se réduisent, en définitive, tant d'agitations et d'efforts où se dépense la vie.

PESSIMISME

L'Ami. —Tout pessimisme de la pensée est un
signe de rupture du lien essentiel. L'homme
devient pessimiste, quand il a perdu contact
avec les forces vives qui portent le monde.

OU EST LA VÉRITÉ ?

L'Ami. — La vérité dont l'homme se nourrit, ne peut exclusivement appartenir à aucun des domaines dont lui-même relève, ni dans ces domaines à aucune des provinces, ni dans ces provinces à aucun des clochers. On ne saurait nous demander de vivre par la pensée dans un univers, ramené aux proportions d'un système philosophique, d'une doctrine religieuse exclusive, ou d'une conception scientifique. Car toutes les théories clochent, et tous les catéchismes sont borgnes. Que si, pour sortir des catéchismes, on nous conduit vers les sciences naturelles, nous changeons de prison. Quelle prétention de vouloir nous faire vivre dans un univers chimique et mécanique, nous qui pensons ! Nous lui appartenons pour une part, mais nous le savons, et nous en souffrons. Et c'est la preuve que nous n'en sommes pas, de cette grande mécanique. Ceux qui en sont pour de bon, ne le savent pas et n'en souffrent pas : ils sont chez eux.

Non, quelque intéressante que soit l'histoire à nous contée par les pierres et les plantes, elle ne suffit pas pour expliquer l'homme à lui-même. Consulter les singes et les fourmis, mène plus loin, mais il reste beaucoup de chemin à faire, avant d'arriver au but.

Si nous ne savions pas, par expérience intérieure, que le cerveau sert à penser, nous en serions encore à l'ignorer. Si l'invincible pente de nos esprits ne nous conduisait à considérer chacun comme responsable, en une certaine mesure, de ses actions, nous n'aurions pas encore découvert qu'il y a du bien et du mal. On ne peut tirer ces notions d'aucune cornue, ni les mettre à découvert par aucun scalpel. Pour se renseigner sur l'humanité, il faut s'adresser à elle, dans les meilleurs de ses membres. La vérité sur nous, notre but, notre devoir, notre destinée se trouve dans la conscience de nos frères supérieurs. De leur idéal, de leurs pensées mises en commun, du trésor de leurs actes, peut venir le plus de lumière sur notre nature et notre conduite. C'est là aussi qu'est, pour l'humanité, l'aboutissant, la synthèse de tout ce que nous possédons de renseignements sur l'univers, le véritable foyer de la révélation.

CLARTÉS CONVERGENTES

L'Ami. — En ce foyer, il ne faut oublier aucun élément de clarté, ne rien exclure, ne rien perdre. Toutes les vérités humaines, de quelque domaine qu'elles sortent, sont convergentes. Ceux qui les ont découvertes ont beau s'ignorer mutuellement, ils sont collaborateurs. Ils ont beau s'anathématiser, ils sont solidaires. Disons-nous cela, et ventilons notre âme, afin d'en chasser l'air confiné, les étroitesses sectaires et cette rage de mettre les pionniers en concurrence, qui vous fait perdre le meilleur fruit de leurs travaux ! Des esprits de toutes les formes sont nécessaires. Mais ils ne restent vraiment bien-faisants, que si la largeur des conceptions per-met de coordonner leurs services. Pris isolé-ment, ils sont tous mauvais, insuffisants, bons, tout au plus, à nous faire perdre cet équilibre qui est la condition même de la vie.

L'UNIVERS EXPLIQUÉ ?

L'Ami. — L'oiseau, dans la conception mécanique du monde, est plus grand que la cage ; l'homme plus grand que le monde ; l'effet, supérieur à la cause.

Trop expliquer détruit le charme. Et c'est une pure illusion. Expliquer, c'est dominer. On n'explique que ce qui nous est inférieur. Pour nous comprendre parfaitement, avec notre destinée, il nous faudrait pouvoir nous dépasser. Absurde prétention ! Si donc nous construisons, avec des éléments à notre portée, une théorie sur notre propre nature, l'homme, par nous construit, sera notre créature. Quoi d'étonnant si nous désespérons de nous-mêmes, réduits à une telle mesure ? Nos explications, d'ailleurs, aboutissent au même résultat, chaque

fois que l'esprit s'enferme dans un système
clos. Les philosophies qui expliquent, et les
religions qui expliquent, n'évitent pas l'écueil.
Ce que nous expliquons est au-dessous de nous.
Le penseur spiritualiste, ou l'homme d'une doctrine religieuse, enfermés dans leur formule,
finissent par y étouffer. L'air manque, l'espace
manque, la lumière manque.

Tout univers fait de main d'homme, est
caduc. Quelques bons chocs, et c'est la fin du
monde !

— Mieux vaudrait donc renoncer à expliquer.
Comment y parvenir ? La soif de connaître est-
elle mauvaise ? Le tourment de l'infini, l'angoisse de la destinée, qui donc les fera taire ?
Pour moi, je m'endors et m'éveille en leur
compagnie, et toute action, toute pensée les
cache à l'arrière-plan.

L'Ami. — Personne ne peut réprimer ce qui
est foncièrement humain. Ne renonce donc pas
à expliquer, à te rendre compte de toi et de ce

qui se passe en toi, comme de tout ce qui t'entoure ! Mais rends-toi compte en même temps de ta condition, comme de tes moyens ! Chercher, se rendre compte, c'est bon, salutaire. Mais se contenter de ce qu'on a trouvé, s'arrêter, se priver de ce que d'autres, près de vous, ont rencontré sur d'autres chemins, voilà qui est mauvais. Faire une copie, et penser ensuite qu'on a créé l'original, voilà l'illusion ! Nos explications sont des efforts, incertains du succès ; des aspirations, non de la possession. Leur caractère d'infériorité doit rester constamment chose entendue.

— Alors c'est l'incertitude, l'aléa perpétuel. Rien de définitif, jamais, nulle pensée qui ne soit une erreur ?

L'Ami. — Mais non, ce serait du scepticisme, et du plus mauvais. Toute pensée juste est en route vers la vérité. Toute explication motivée se trouve en chemin vers la solution. En chemin nous-mêmes, c'est de telles conceptions, comme nous perfectibles, que nous avons besoin. La vie, c'est l'évolution perpétuelle. Mais au sein de cette mue des idées, un point solide demeure : la foi. On ne sortira jamais de là. Nous ne saurions vivre par la vue seule. Toutes nos explications souffrent d'insuffisance. Pas une ne peut nous nourrir. Elle ne contient pas l'élément d'infini qui doit entrer, comme part essentielle, dans toute nourriture d'âme. La foi donne cet élément : elle fait crédit à Dieu. Et certes ce n'est pas trop s'avancer que de le croire solvable. Voilà le programme humain : un chercheur ardent, ouvert à toute clarté naissante ; un croyant assuré en Dieu.

HUMBLE ET FERME

L'Ami. — Il y a une suffisante raison à tout ce qui est; autrement ce serait l'effondrement dans le néant. L'équilibre vital consiste à se reposer dans sa raison d'être. Au fond, toute existence normale et pondérée a, sans le savoir, le poids de cette raison comme lest. En elle, chaque destinée s'harmonise, et la paix est possible, même au sein de l'ignorance, pourvu qu'il puisse être admis que quelqu'un sait ce que nous ignorons, et que le sens et le but de notre vie, tout inconnus qu'ils demeurent à nos yeux, existent pour Celui « en qui, pour qui et par qui sont toutes choses ». Que le moindre objet réel nous apparaisse, à la réflexion et à l'étude, comme une lucarne ouverte sur l'incommensurable. Voyons-y un signe de la profondeur des choses et de la dimension de nos propres destinées. Et concevons de jour en jour une idée plus haute

et plus respectueuse de toute réalité, même
humble et subalterne.

Dans un grain de sable, une goutte d'eau,
un rayon de lumière, une secousse élec-
trique, il y a plus de choses à noter et à comprendre que l'esprit de l'homme n'en peut
saisir. Mais si nous sommes hors d'état de faire
le tour de ce qui nous est inférieur, de quelle
hauteur nos moyens de comprendre ne doivent-
ils pas être dépassés par notre propre personne ? L'homme est plus grand que sa capacité
de comprendre. Ceux qui prétendent qu'ils en
ont vu le fond et qui, horlogers pleins de suffisance, matérialistes ou spiritualistes, religieux
ou athées, nous en démontrent les rouages, ont
mis leurs prétentions plus haut que leur pouvoir.
Ils prennent leurs formules pour des réalités.
Leurs affirmations, comme leurs négations, sont
empreintes d'une outrecuidance à laquelle il
faut préférer la réserve, la timidité même. Devant
la grandeur des problèmes, non seulement la

modestie est bienséante, mais elle est salutaire et donne de la force. L'aplomb n'équivaut pas à la confiance authentique, et l'humilité n'exclut pas la fermeté. Une certaine retenue est inhérente à la mentalité des grands savants, comme des croyants de première main. Le contact avec les sources rend circonspect et en même temps confère de l'assurance. Il n'y a pas d'incrédulité à constater des abimes pour lesquels nous n'avons pas de sonde, et des étendues rebelles à nos mesures. La raison humaine a des bornes qui se retrouvent partout, dans la science comme dans la croyance, dans l'axiome comme dans le symbole : la réalité, elle, n'a pas de bornes. Manquerions-nous de respect à la science d'une part, à la croyance de l'autre, en reconnaissant avec sincérité que toutes deux demeurent au-dessous de leur objet, et qu'elles demeurent au-dessous, non pas d'un dernier reste, d'une infime fraction, mais de tout un infini ? N'est-ce pas là au contraire le signe même du parfait respect, et dans ce respect, ne puisons-nous pas un nouveau motif de prendre courage ?

Irrévérencieuse à la fois et ruineuse est la prétention de tout savoir, soit par observation, soit par intuition. Elle met une *solution* définitive à ce qui demande à être sans cesse renouvelé, purifié, élargi, sanctifié. Elle nous habitue à nous mouvoir dans une création factice, où se fait de plus en plus rare le contact vivifiant avec la source intarissable. La richesse infinie d'une réalité dont nul n'a touché le fond est plus consolante que celle, toute relative et d'apparence, des systèmes ayant réponse à tout. C'est un perpétuel aiguillon, pour le chercheur, de sentir qu'il a devant lui l'infini, et un réconfort, pour le croyant, de penser selon la parole du Prophète : « Autant les cieux sont élevés au-dessus de la terre, autant mes chemins sont élevés au-dessus de vos chemins, et mes pensées au-dessus de vos pensées. »

CONSEIL

L'Ami. — Au demeurant, veux-tu mon conseil sur tant de façons laborieuses, ingénieuses, contradictoires, terre à terre ou sublimes de concevoir le monde où nous sommes ? Que chacun s'y exerce et s'y applique de son mieux ; mais que personne ne s'en rende esclave, et ne les prenne comme prétexte à inquiéter, à molester, à persécuter son prochain ! Surtout, à certaines heures de grande lassitude, où les systèmes embrouillent la pensée, aie le courage de te mettre au-dessus, avec sérénité !

As-tu créé le monde ? es-tu chargé de le gouverner ? en es-tu responsable ?

Non. Alors calme-toi, donne-toi une heure de répit !

C'est une fatigue à laquelle rien d'autre ne peut être comparé, que de remuer ces vastes

pensées, de rouler à travers son âme leurs
masses gigantesques, de plonger dans l'inconnu,
d'explorer les lointains. Mais n'y a-t-il pas un
certain abus et de l'illusion à ces opérations
titanesques, accomplies par des êtres de notre
taille ? Après tout, qui t'empêche de déposer,
par instants, les rênes du gouvernement universel, de cesser de penser à tout à la fois ?
Quel mal peut-il y avoir à se comporter comme
si l'on n'était pas préposé à la marche des
soleils ? Se lèveront-ils d'une seconde plus tard ?
Sachons cesser de toucher à ce qui nous dépasse et nous déconcerte, de parler de ce que
nous ne comprenons pas, de justifier Dieu, de
lui offrir nos conseils !

Crois-moi, les vastes spéculations sont un
des ornements de l'humanité ; mais il est hono-
rable aussi de s'occuper de ce qui nous regarde,
de se mêler de ce que l'on comprend, de marcher sur le sentier qui est là sous nos pas, en
quittant les orbites stellaires.

Soyons donc, à nos moments du moins, sinon toujours, des hommes; acceptons-nous tels que nous sommes, et employons-nous de notre mieux! Ne serait-ce qu'à titre d'essai et sans renoncer à l'incommensurable, restons quelquefois à notre place, faisons notre métier. Redevenons nous-mêmes, redevenons enfants! *Soyez fidèles dans les petites choses*, a dit le Christ. Comme il ferait bon de s'asseoir à ses pieds, lorsque, chargé du fardeau des vastes combinaisons cosmiques, exténué de tout caser, concilier, prévoir, embrasser, on ne sait plus où donner de la tête. Je vois son long regard où brille la confiance divine et la pitié pour toutes nos langueurs; je vois son bon sourire vivifiant, et je crois l'entendre nous dire : « *Laissez à chacun sa part, mes enfants : au Père, à remplir le monde de sa présence, de tout savoir et de tou nener; à vous, d'avoir confiance en Lui, de vous aimer et vous servir les uns les autres.* » Là est le chemin qui, de notre faiblesse mène à la puissance, de nos ombres à la clarté.

Ce serait si simple pourtant, si, par une vieille aberration, nous n'étions pas tous pris du vertige des grandeurs. Chacun travaille en grand, réforme la société, gouverne les empires, régit le monde. Très peu s'occupent de leur affaire. C'est au-dessous d'eux. Les hommes religieux ont ce tracas comme les autres. On est homme, on est de la famille, on a son goût de terroir. Avez-vous remarqué de quel noble mépris certains contemplent l'humble morale, du haut des dogmes ? On n'est pas plus dédaigneux, à l'altitude, des modestes replis du vallon. Ils ont, certes, raison, tous ceux qui travaillent à étendre l'horizon humain. Toute pensée nous donnant plus d'air, plus de lumière et plus d'espace est une messagère du monde supérieur. Et l'on ne parviendra jamais à fermer au-dessus de nos têtes la trouée sur l'infini. En vain rognerez-vous

les ailes de l'âme, en vain direz-vous à l'esprit :
Tu souffleras jusqu'ici et pas plus loin ! D'instinct
il s'élance au pays de l'inconnu et du mystère.
Mais pourquoi transformer en chaîne ce lien
libérateur qui nous joint à l'au-delà ? Pourquoi
s'égarer et s'épuiser aux régions vertigineuses,
dans l'air irrespirable ?

Par quelle illusion l'homme se croit-il plus
près de Dieu, lorsqu'il a escaladé quelques
échafaudages de dogmes ? L'humble chemin
du cœur serait-il terre à terre ? Le souci du
mieux dans la conduite, le soin de la maison et
des enfants, le service de ceux qui souffrent,
l'emploi scrupuleux du temps et des forces,
seraient-ce là choses exemptes de grandeur ?
Remettre à Dieu l'inconnu et l'avenir, pour
s'appliquer avec énergie au devoir présent
clairement indiqué, serait-ce une méthode moins
sûre que de remettre les besognes pratiques au
lendemain douteux où nous saurons enfin ce
que nous ignorons ?

CONTRADICTIONS

L'Ami. — Quand il y a contradiction entre les
aspirations légitimes du cœur humain et les
constatations de la science positive, il faut en
conclure qu'il y a erreur. L'espérance et la réalité sont faites pour s'accorder. Une réalité
désespérante serait un non-sens. La réalité
suprême, seule vraie, c'est la plénitude absolue,
dépassant toute conception, défiant toute espérance. Nulle aile n'est assez hardie pour en
atteindre la limite, car elle n'a pas de limites.
Nous émanons de l'être; il nous environne et
nous porte. Sa richesse infinie contient de quoi
combler tout ce qui en nous est aspiration vraie
et juste. Aucune contradiction ne doit donc

nous arrêter, ni nous troubler. La seule conclusion à en tirer est celle-ci : il faut ou bien que l'espérance trouve un autre chemin, ou la réalité une autre interprétation.

Quelquefois tous les deux sont désirables.

L'ÉVANGILE INCONNU

L'Ami. — La plus large habitation offerte à l'âme, la patrie spirituelle la plus compréhensive, est l'Évangile. Son esprit n'est réfractaire à aucune tendance foncièrement humaine. Il offre la plate-forme où peuvent se rencontrer tous les intérêts supérieurs, fraterniser toutes les formes d'intelligence, se lier tous les efforts. Hélas ! qu'ont fait de cette habitation les hommes à vues courtes, rapides à trancher, à clore les questions, à dénoncer la solidarité à l'adversaire ? Ils en ont muré les fenêtres, verrouillé les portes, épaissi les remparts : ils l'ont transformée en cachot pour l'esprit, en citadelle hérissée et menaçante d'où l'anathème se lance à ceux du dehors. Et de temps en temps, de l'intérieur, quelque frère ayant cessé de penser selon la formule, est jeté par-dessus la muraille.

Ils ont agi à l'égard de la maison comme à l'égard du maître.

« Je suis le fils de l'homme », avait-il déclaré. Ils en ont fait un chef de parti, ou tout au moins, même en le divinisant, un homme comme les autres, tenant à ses particularités, à son nom, à son moi, accessoires inclus. Et qui donc a compris que le Fils de l'homme n'était ni à comparer, ni à mettre en concurrence avec personne ? Car de tout ce qui fut grand et saint à travers les âges, dans n'importe quel contingent de l'humanité, il aurait pu dire : Celui-là est avec moi, et je suis avec lui; bien plus, celui-là est un peu moi, et moi je suis lui.

Ne s'est-il pas identifié avec les petits, les enfants, les malades, les pauvres, les prisonniers ? Quel est ce *moi*, à qui est fait tout ce qu'on fait aux autres, bien ou mal ? Est-ce le moi d'un *particulier*, ayant des intérêts privés, dirigeant une raison sociale, en rivalité avec d'autres ? Non, il est le Fils de l'homme, et rien d'humain ne lui est étranger.

Quand ses champions fanatiques attaquent la science, c'est *lui* qu'ils attaquent. Quand ils persécutent les hommes en son nom, c'est *lui* qu'ils persécutent. Quand vous méprisez les humbles, les simples, c'est *lui* que vous méprisez. Quand vous abaissez les prophètes pour le grandir ; quand vous diminuez les sages païens pour augmenter son éclat, c'est *lui* que vous abaissez, diminuez et voilez. Il n'a pas concouru pour le prix de sainteté, ni pour celui de sagesse, ni pour celui de grandeur. Vos comparaisons, vos petites rivalités, les couronnes que vous arrachez à d'autres, pour les jeter à ses pieds, sont des procédés odieux et méritant d'être condamnés par la parole : « Vous ne savez pas de quel esprit vous êtes animés ! »

JE SUIS LE CHEMIN, LA VÉRITÉ, LA VIE

L'Ami. — L'essence de la foi chrétienne est la certitude que l'Invisible se fait homme. L'aboutissant le plus parfait de l'Esprit besognant derrière le voile des choses sensibles, se trouve, pour l'homme, dans une conscience d'homme animée de son souffle et remplie de sa présence. La Foi au Dieu-Nature est difficile. Il y a trop de distance entre lui et nous. S'il est gracieux, doux, apaisant aujourd'hui, demain il est sauvage, dévastateur, sans entrailles. Ses brutalités choquent notre conscience. On ne peut pas se nourrir du roc. La formidable divinité naturelle, active dans les forces mécaniques du monde, offre à l'homme une pierre, lorsqu'il demande du pain.

Plus près de nous est le Dieu traduit en humanité. Dieu visite l'homme par l'homme. Justice, sainteté, tendresse, pardon : ni les astres, ni les plantes, ni les bêtes, ni aucun spectacle de la création, ne nous révèlent ces réalités, comme nous le révèle un être humain animé de la vie supérieure. A celui-là, nous pouvons dire : En toi mes problèmes sont résolus, mes dissonances changées en harmonie, les passages obscurs de la vie, de l'histoire, des écritures, interprétés. Tu me traduis Dieu, et le monde, et moi-même, en vérité assimilable et nourrissante.

UNE CHOSE EST NÉCESSAIRE

L'Ami. — Mais, en tout cela, il n'y a d'essentiel que la vie et la puissance. Les mots pour en parler, les formules pour enfermer ces expériences, sont riches et variées. Leur office est de traduire, faiblement et de loin, l'intraduisible, d'exprimer, en bégayant, l'ineffable. Leur attitude vraie est l'entière humilité, je dirais presque l'effacement. Elles ne sont jamais plus efficaces que lorsqu'elles demeurent à tout moment prêtes à se retirer devant la grandeur de ce qu'elles essaient de faire pressentir.

Si la parole, la doctrine, la croyance se substituent à la foi vivante, elles sont usurpatrices.

Regardez vivre et enseigner le Christ. Jamais

il n'a *endoctriné* personne : il embrasait les cœurs
par son contact. Son Évangile n'est pas un
corps de doctrines qu'il impose et dont il confie
la garde à des scribes jaloux d'exactitude lit-
térale. C'est une force de tendresse, de lumière,
de courage, de joie, de paix. C'est de la vie
infinie et divine, palpitant dans la poitrine d'un
homme, vibrant dans sa voix, brillant dans son
regard. L'âme, déconcertée par les étrangetés
et les contradictions du monde, se sent envahie
comme par un souffle de la patrie. Les yeux
s'ouvrent, le cœur se dilate, l'espérance renaît.
Les vieilles souillures et les vieilles méchancetés cèdent sous cette influence, comme la
glace fond au rayon de juin. L'auditeur même
d'un seul jour, sentant passer dans l'air une
vertu libératrice, se dit : « Dieu a visité son
peuple. Ceux qui étaient assis dans l'ombre de
la mort ont vu une grande lumière. »

BONNE NOUVELLE

L'Ami. — Dieu t'aime, et le monde est à Dieu. Toutes choses devront, en fin de compte, tourner à bien.

Pauvre humanité perdue, errante, usée de fatigues, chargée de fautes et de misères, le Père te parle et t'appelle. Surgis de ta poussière ! Lève ton regard vers les hauteurs !

Tu es une espérance de Dieu, donc tu ne peux périr. Ta destinée, commencée dans la peine et les larmes, s'achèvera dans une lumière immortelle. Toutes tes souffrances seront oubliées dans la gloire qui doit être manifestée en toi. Crois cela ! Fais cet honneur à Dieu de penser que tes affaires sont les siennes et qu'aucune puissance, aucun malheur, aucun événement ne peut t'arracher de sa main, ni empêcher sa volonté d'amour de se réaliser à ton égard ! Cherche, travaille, combats, laboure et sème, mais ne te soucie pas, ne t'inquiète point !

Au sein de tes ignorances, trouve le calme dans la pensée que Dieu connaît ce qui t'échappe ! Il ne te demande pas de te présenter devant lui avec une explication correcte de l'Univers. Il n'est pas le Sphynx, proposant une énigme et dévorant ceux qui ne peuvent la résoudre. Aie confiance, abandonne-toi à lui !

SI VOUS CROYEZ EN DIEU, CROYEZ AUSSI EN MOI!

L'Ami. — Il en est qui croient en Dieu et désespèrent de l'homme.

Ne pas croire à l'homme, à la vie, au labeur utile, à l'effort combiné de la conscience et de l'intelligence. Considérer la terre comme une colonie perdue, une entreprise manquée. Ne pas croire à la victoire de la Justice, de la Fraternité, du Bien sous toutes ses formes, c'est la pire incrédulité.

L'incrédulité ne consiste pas dans l'impuissance à se mettre en tête certaines formes de doctrine ou certains faits présentés comme historiques; elle consiste à penser que la vie n'est qu'une grande vanité dont on ne tirera jamais rien de bon et dont il est préférable de souhaiter la fin.

Nous sommes ici pour faire une œuvre, une œuvre avec Dieu.

... « Et nous avons pour nous ce quelqu'un d'inconnu
« Dont on voit par moments passer l'ombre sublime
« Par delà la muraille énorme de l'Abîme. »

L'honneur de Dieu est engagé dans nos affaires.

Malgré toutes les fautes et les tares des hommes, l'auteur responsable de ce monde, en définitive, c'est Lui. Donc nous ne saurions faire faillite.

Notre esquif, ballotté par mille tempêtes, a de meilleures garanties que n'en offrait au pilote effrayé le fameux imperator en disant :

Tu portes César et sa fortune.

En haut les cœurs ! Ouvrons nos voiles aux souffles d'espérance ! Tout ce qui encourage, tonifie, augmente l'entrain et la joie est bon, est vrai. Toute doctrine réconfortante est un flambeau de vie allumé au foyer éternel.

L'erreur, c'est ce qui décourage, accable, assombrit, fait tomber les bras et hausser les épaules devant l'œuvre humaine.

Il faut avoir la Foi. C'est le trésor des trésors, la racine de la vie, le lien nourricier qui nous rattache à la Source des êtres.

Rien de beau, de grand, de durable, rien d'humain ne se fait sans la foi.

La Foi transporte des montagnes. La croyance est elle-même souvent une montagne à transporter. Il faut donc que la croyance s'amende, s'épure sans cesse et demeure toujours au rang d'humble instrument de la Foi.

Communiquée et provoquée par des signes visibles, des faits transitoires, que la Foi en devienne, à la longue, indépendante ! Née de certaines conditions, qu'elle s'élève au-dessus de toutes les conditions ! Ainsi tombe la coquille protectrice quand éclôt l'oiseau.

DIEU EN CHRIST

L'Ami. — *Ce qu'il y a de meilleur en Dieu, c'est l'homme.* Un Dieu qui ne se traduirait pas en humanité, n'existerait pas pour nous. C'est l'être en soi, trop haut et trop loin, trop chaud et trop froid. Il faut qu'il se mette à notre niveau et à notre température, et pourtant qu'il nous dépasse de toute la hauteur de l'infini. Voilà le mystère, rapproché de notre horizon par la révélation en Jésus.

Le Dieu qui nous a regardés par ces yeux, touchés par cette main, appelés par cette voix est plus grand que tout le monde visible. Aucune force naturelle, aucune majesté terrible ou souriante, aucun tonnerre de Sinaï, aucune sérénité de l'Olympe n'en approche.

Mais il est là, tout près de nous. Avec nous, il souffre; il pleure de nos larmes, et afin qu'elle soit moins obscure, avec nous il se couche dans la tombe. Il regarde toute notre destinée douloureuse et sublime et dit, à chaque étape : J'en suis!

LE FILS DE L'HOMME

— Qui donc es-tu ?

— Je suis le Fils de l'Homme. Toute vierge pure m'enfante.

Tout coup frappé sur le faible et l'innocent meurtrit ma face. Pas de larme dont je ne pleure ; pas de rayon de soleil dont je ne me réjouisse !

Je suis dans l'assemblée de ceux qui s'aiment, dans la solitude de ceux qu'on oublie.

Je meurs avec les justes qu'on outrage et qu'on persécute et, de toutes leurs cendres, je renais. Que de fois ne suis-je pas mort, depuis que je marche dans vos rangs ! Avec vous, on m'a pendu aux gibets, brûlé sur les bûchers. Mais de toutes les prisons, je m'évade ; de tous les tombeaux, je ressuscite. Je serai avec vous jusqu'à la fin du monde.

L'eucharistie symbolise une vérité sublime. Tant qu'il y aura un être perdu, Dieu lui-même se donnera pour le sauver. Tant que les hommes le chercheront dans les ténèbres, il sera prêt à descendre vers eux, à se traduire en humanité, pour transformer leur vie périssable en vie éternelle.

La Création n'est pas finie ; *le meilleur est à naître*. Si cela n'était pas, l'intérêt disparaîtrait du grand labeur universel, et le monde croulerait sous le poids de son néant, comme les hommes arrivés, sous leurs succès accumulés.

DIEU SE FAIT HOMME

L'Ami. — Dieu se fait homme dans tout ce qui nous soutient, nous maintient vivants, agissants, éclaire l'âme et affermit la volonté. Il est de notre devoir de ne rien négliger de cette révélation humble et prochaine.

Le long regard de l'âme plongeant dans l'audelà, ne fonctionne pas toujours ni chez tous. Regardons sous nos pas, *apprenons à y regarder !*

Ce qui se passe là est d'une importance capitale. Les petites choses aussi sont grandes, d'une grandeur infinie. Soyons fidèles dans ce que, dans notre courte vue, nous considérons comme les petites choses ! Rien n'est profane. Pénétré du grand et saint respect de ce qui vit, souffre, meurt, nous communions avec le sanctuaire. Comme on peut vivre dans les sanctuaires matériels, avec une âme vide de Dieu, il est possible de se mouvoir dans les objets en apparence dépourvus du caractère sacré, avec une âme pleine de Lui. Si les vastes horizons se ferment, si le voile tombe, si tu es réduit à la pauvreté spirituelle, à la disette intérieure, sois fidèle ! Si les yeux se ferment et que tu doives te contenter de marcher à tâtons, sers-toi de ton toucher et de ton oreille, comme l'aveugle : sois fidèle ! Emploie ta misère comme tu emploierais ton bonheur; use de ta pauvreté comme tu userais de ta richesse et garde la foi, la bonne confiance : reste d'accord ! Croire au Dieu des soleils levants, des clartés astrales, du prodigieux rayonnement des lumières intérieures, ne suffit pas. Il faut croire au Dieu des longues nuits, au Dieu des jours mauvais. Que dans le plus obscur carrefour il te serre la main et te dise : Je suis là !

SACRIFICE LIBÉRATEUR

— Quand cet homme est entré près de moi au soir terrible, j'ai compris qu'il était prêt à partager mon sort. Et le courage m'est venu de le supporter moi-même.

L'Ami. — Toute parole est vaine, adressée à ceux qui souffrent par ceux qui ne souffrent pas. Ils parlent une autre langue, ils s'interpellent par-dessus un abîme, et leur voix tombe au gouffre. La vertu consolatrice est accordée à celui-là seulement qui fait de notre sort le sien, décidé à prendre sur lui notre fardeau. Voilà ce que tu as éprouvé ce soir-là, Tu as expérimenté par toi-même une des vérités profondes de la vie. En une heure d'angoisse t'est apparu le pouvoir du sacrifice libérateur.

Cette expérience, l'humanité la renouvelle

depuis des siècles. Ésaïe l'a exprimée en ces
termes : « Il a pris sur lui nos langueurs, et par
ses blessures nous sommes guéris. » La croix
du Calvaire en est devenue le symbole. La vue
de ce « crucifié par amour » a donné plus de
courage aux cœurs meurtris que les plus beaux
conseils de la sagesse.

« CADENTIA SIDERA »

Il y a des castes parmi les dogmes, comme parmi les hommes. Quelques dogmes très titrés, mais plus brillants qu'agissants, ont de tout temps occupé le devant de la scène, au détriment de ceux, modestes et actifs, relégués à l'arrière et dans les coulisses à la façon de Cendrillon. Ces hauts et puissants seigneurs ont exercé des tyrannies odieuses, excommunié et persécuté quiconque ne les saluait pas assez bas. Tandis que, dans l'ombre, les autres consolaient les affligés, réparaient les injustices et ne voulaient régner que par la seule Bonté.

Je suis las de voir parader les grandeurs inutiles. Leurs astres qui descendent à l'horizon n'excitent pas mon regret, et je rêve dans le crépuscule, en attendant le lever des dogmes prolétaires.

LE SOUTIEN DE L'ESPRIT

L'Ami. — N'attends pas de moi que je diminue en rien la valeur des espérances d'outre-tombe ! Elles sont parmi les biens les plus précieux de l'humanité. Il fait bon, des noirs sillons sur lesquels nous peinons pour l'avenir, lever le front vers cet accomplissement définitif où toute blessure sera guérie, tout abîme comblé. Malheur à celui qui prétend fermer à l'homme la trouée bleue sur la vie infinie ! J'aimerais mieux être une pauvre brute et mourir ce soir, qu'un homme sans espérance éternelle, avec des siècles d'existence terrestre assurée devant moi, des siècles où se creuserait, sans cesse plus irrémédiable au fond de moi, l'insupportable sentiment de mon néant.

Et cependant ce n'est pas dans cette attente ferme des accomplissements dans l'au-delà que consiste le soutien de l'Esprit. Celui-là vaut par lui-même et se suffit. Il y a une certaine manière de concevoir les choses, qui leur confère l'équilibre à tous les degrés de l'être, et qui nous fait participer à la plénitude divine.

Si l'apôtre Paul a pu dire : « Je voudrais être anathème pour mon peuple », il était sous l'empire d'une vertu spirituelle qui plane au-dessus même du bonheur éternel, considéré comme un bien lointain et attendu de l'avenir. Pour parler ainsi, il faut le posséder en soi.

La paix de l'âme, c'est la clef du monde. Toutes choses, par elle, sont coordonnées et mises à leur place. Le douloureux problème de la vie s'y résout en harmonie.

« CREDO »

Je te fais crédit, non pas jusqu'au troisième jour, jusqu'à l'aurore de Pâques, mais jusqu'à la consommation des siècles.

Ton jour viendra, cela me suffit.

C'est mon calme dans l'inquiétude, ma lumière dans la nuit, ma consolation dans les misères et les défaites.

J'ai été conduit à toi par la fleur des champs, par l'étoile des cieux, par la voix des Prophètes et de l'Évangile, par la clarté qui est dans l'ombre des humbles, comme au front des Héros et des Justes.

Mais tu n'as plus besoin de témoins désormais, ni de preuves nouvelles. C'est en toi seul
que je crois et que je veux m'assurer pour la
Vie, la Mort, l'Éternité.

TABLE DES MATIERES

IV. DEVANT LA MORT

V. PRÈS DES JEUNES

VI. CEINS TES REINS !

VII. LES PIONNIERS

VIII. PAR LA FOI

4330. — Tours, Imprimerie E. ARRAULT ET Cⁱᵉ,

www.ingramcontent.com/pod-product-compliance
Lightning Source LLC
LaVergne TN
LVHW020137030726
842520LV00001B/185